UNIVERSITÀ IN CITTÀ

UNIVERSITÉS DANS LA VILLE

UNIVERSITIES IN THE CITY

SEMAPA / ANTE PRIMA / AAM ÉDITIONS / SILVANAEDITORIALE

PÔLE DES LANGUES ET CIVILISATIONS
INALCO ET BULAC
2010
ATELIERS LION ARCHITECTES URBANISTES

BÂTIMENT BUFFON
UFR DES SCIENCES DE LA VIE
ET INSTITUT JACQUES-MONOD
2007
FCLP - FRANÇOIS CHOCHON LAURENT PIERRE

BÂTIMENT LAMARCK
UFR DE BIOLOGIE
2008
JEAN GUERVILLY ET FRANÇOISE MAUFFRET

BÂTIMENT LAVOISIER
UFR DE CHIMIE
2008
X-TU

ÉCOLE D'ARCHITECTURE
PARIS-VAL-DE-SEINE
2007
FRÉDÉRIC BOREL ARCHITECTE

GRANDS MOULINS
BIBLIOTHÈQUE / ADMINISTRATION
2006
RUDY RICCIOTTI

HALLE AUX FARINES
PÔLE D'ENSEIGNEMENT UNIVERSITAIRE
2006
AGENCE NICOLAS MICHELIN ET ASSOCIÉS - ANMA

BÂTIMENT CONDORCET
UFR DE PHYSIQUE
2007
ATELIER D'ARCHITECTURE
CHAIX & MOREL ET ASSOCIÉS

UNIVERSITÀ IN CITTÀ

UNIVERSITÉS DANS LA VILLE

UNIVERSITIES IN THE CITY

CET OUVRAGE EST LE DEUXIÈME VOLUME DE LA COLLECTION
"PARIS RIVE GAUCHE - ARCHITECTURE ET URBANISME"
LANCÉE PAR LA SEMAPA EN PARTENARIAT AVEC ANTE PRIMA
ET LES ÉDITIONS AAM ET SILVANAEDITORIALE.

QUESTO LIBRO È IL SECONDO DELLA COLLEZIONE "PARIS
RIVE GAUCHE - ARCHITECTURE ET URBANISME" INIZIATA
DALLA SEMAPA IN COLLABORAZIONE CON ANTE PRIMA
E LE CASE EDITRICI AAM E SILVANAEDITORIALE.

THIS BOOK IS THE SECOND VOLUME OF THE COLLECTION
"PARIS RIVE GAUCHE - ARCHITECTURE ET URBANISME"
STARTED BY THE SEMAPA IN PARTNERSHIP WITH ANTE
PRIMA AND THE EDITIONS AAM AND SILVANAEDITORIALE.

SEMAPA
Société d'économie mixte d'aménagement de Paris
69 / 71 rue du Chevaleret - 75013 Paris
Tél. 00 33 (0)1 44 06 20 00

Jérôme Coumet, président / presidente / president
Jean-François Gueullette, directeur général /
amministratore delegato / general director
Élisabeth Duflos, directrice de la programmation
et de l'urbanisme / direttrice della programmazione
e dell'urbanistica / programming and city planning
director
Nathalie Grand, directrice déléguée chargée de
la communication / direttrice della comunicazione /
deputy director in charge of communication
Sandra Guillien, chargée de communication /
responsabile comunicazione / communication officer

CONCEPTION, COORDINATION & PRODUCTION /
CONCEZIONE, COORDINAMENTO & PRODUZIONE:
Ante Prima Consultants, Paris
Direction de l'ouvrage / Direzione editoriale /
Producer: Luciana Ravanel
Coordination générale / Coordinamento generale /
General coordination: Fanny Hermenier
Relectures et corrections / Riletture e revisioni /
Editing and proofreading: Chloé Lamotte,
Olivia du Mesnil du Buisson

ENTRETIEN ET TEXTES / INTERVISTA E TESTI /
INTERVIEW AND TEXTS: Florence Accorsi

TRADUCTIONS / TRADUZIONI / TRANSLATIONS:
Nick Hargreaves,
Giuseppe Giarratana - Scriptum, Roma

CONCEPTION GRAPHIQUE / PROGETTO GRAFICO/
GRAPHIC DESIGN: Sylvain Enguehard

ÉDITIONS / EDIZIONI / PUBLISHER:
Archives d'Architecture Moderne
Rue de l'Ermitage 55 - 1050 Bruxelles (BE)
www.aam.be

SilvanaEditoriale
via Margherita De Vizzi, 86
20092 Cinisello Balsamo, Milano, Italia
www.silvanaeditoriale.it

IMPRESSION / STAMPA / PRINTING:
Imprimerie BM, Canéjan (33), France

ISBN AAM: 978-2-87143-219-7
EAN SILVANAEDITORIALE: 97888-3661248-2
Dépôt légal: D/2009/1802/2

Depuis 2006, plusieurs bâtiments universitaires ont été implantés sur le site de Paris Rive Gauche, qui accueille l'université Paris 7 - Denis Diderot, l'École d'architecture Paris-Val-de-Seine et le Pôle des langues et civilisationsdans le quartier Masséna. Ces équipements représenteront à terme 30 000 étudiants, enseignants et personnels administratifs, pour une surface bâtie de 210 000 m².

Cette implantation, la SEMAPA, la Ville de Paris, mais aussi l'université l'ont voulue intégrée dans le paysage urbain. Ce quartier offre une grande mixité : des bureaux le long de son axe structurant, l'avenue de France et de la rue Neuve-Tolbiac, des logements en cœur d'îlot, des équipements publics, des jardins, des commerces, et les équipements universitaires répartis dans le quartier.

Peu à peu, une nouvelle population participe à l'animation du quartier, fréquente les commerces, génère des activités culturelles et sportives, développe la vie. Une nouvelle dynamique est donnée à Paris Rive Gauche.

La SEMAPA a bien sûr apporté tout son savoir-faire d'aménageur à la réussite de cette implantation et travaillé en collaboration avec la Ville. Grâce à son professionnalisme et à la confiance que lui accorde la Ville de Paris, elle a réalisé la maîtrise d'ouvrage déléguée de deux bâtiments pour l'université Paris 7 - Denis Diderot : le bâtiment Lamarck - UFR de biologie pour lequel les architectes Jean Guervilly et Françoise Mauffret ont reçu une mention spéciale de l'Équerre d'argent 2008 et le bâtiment Lavoisier-UFR de chimie, conçu par l'agence X-TU.

Actuellement la SEMAPA réalise la maîtrise d'ouvrage déléguée qui lui a été confiée par la région Île-de-France pour le Pôle des langues et civilisations, conçu par les Ateliers Lion architectes urbanistes.

Grâce à ces nouvelles implantations universitaires, le 13e arrondissement de Paris devient un pôle universitaire de premier plan dans le paysage urbain parisien.

JEAN-FRANÇOIS GUEULLETTE
Directeur général de la Semapa

Dal 2006 sono stati costruiti numerosi edifici universitari nel sito di Paris Rive Gauche, l'area che accoglie l'Università Paris 7-Denis Diderot, la Scuola di Architettura Paris-Val-de-Seine e il Polo di lingue e civiltà nel quartiere Masséna. Al termine dei lavori, queste infrastrutture potranno ospitare 30000 studenti, docenti e amministrativi, per una superficie edificata totale di 210000 m².

La SEMAPA (società di capitali misti per la pianificazione territoriale della città di Parigi), il Comune di Parigi e la stessa l'Università hanno voluto che tali strutture fossero integrate nel paesaggio urbano. Il quartiere Masséna offre grande promiscuità: lungo il proprio asse portante, avenue de France e rue Neuve-Tolbiac, si trovano numerosi uffici, nel cuore dell'area le abitazioni e sparse in tutto il quartiere vi sono strutture pubbliche (spazi verdi, attività commerciali) e universitarie.
A poco a poco i nuovi residenti si interessano all'animazione del quartiere, allo sviluppo della sua vita, ne frequentano i negozi, partecipando e dando nuovo impulso ad attività culturali e sportive. Insomma Paris Rive Gauche si anima da dinamiche tutte nuove.
La SEMAPA ha contribuito con il suo *savoir-faire* alla riuscita di questa complessa operazione, in collaborazione con l'amministrazione comunale. Grazie alla sua professionalità e alla fiducia accordatale dal Comune, la SEMAPA ha avuto il mandato di committenza delegata per i lavori relativi ai due edifici destinati all'Università Paris 7-Denis Diderot: l'edificio Lamarck-UFR di Biologia per il quale gli architetti Jean Guervilly e Françoise Mauffret hanno ottenuto una menzione speciale del premio Équerre d'argent 2008, e l'edificio Lavoisier-UFR di Chimica progettato dallo studio X-TU. Attualmente la Regione Île-de-France ha affidato alla SEMAPA la committenza delegata per il polo di lingue e civiltà progettato dagli Ateliers Lion architectes urbanistes.
Grazie a queste nuove strutture, il XIII arrondissement di Parigi diventa un polo universitario di prim'ordine nel paesaggio urbano parigino.

JEAN-FRANÇOIS GUEULLETTE
Amministratore delegato della Semapa

Since 2006, a number of university buildings have been built on the Paris Rive Gauche site, a setting that is also home to Paris 7-Denis Diderot University, Paris-Val-de-Seine School of Architecture and the Languages and Civilisations Centre, located in the Masséna district. In the long term, these facilities will represent 30,000 students, teachers and administrative employees, covering a surface area of 210,000 m².

SEMAPA, the City of Paris authorities and the university itself wanted these educational facilities to be fully integrated into the urban environment. The district provides a considerable population mix: offices along the structuring axis represented by Avenue de France and Rue Neuve-Tolbiac, housing in the centre of the plot, and public services, parks, shops and university facilities distributed throughout the district.

The new population is contributing to bring the district to life, making more use of its shops, and giving it a new liveliness by developing and participating in cultural and sports activities. A new dynamic is being created within Paris Rive Gauche.

SEMAPA has contributed its know-how as a developer to the success of this new district and, to that end, worked very closely with the city authorities. Thanks to its professionalism and the confidence shown by the City of Paris, it has acted as client delegate for two buildings forming part of Paris 7-Denis Diderot University: the Lamarck building, housing the biology teaching and research unit and for which architects Françoise Mauffret and Jean Guervilly received a special mention for the 2008 Équerre d'Argent awards, and the Lavoisier building, housing the chemistry teaching and research unit, designed by the X-TU agency.

Currently, SEMAPA is acting as client delegate for the Île-de-France Region authorities for the construction of the Languages and Civilisations centre designed by Ateliers Lion architectes urbanistes.

Thanks to these new university centres, the 13th arrondissement in Paris is now becoming a first-class academic centre in the parisian urban landscape.

JEAN-FRANÇOIS GUEULLETTE
General director, Semapa

L'UNIVERSITÉ A DROIT DE CITÉ

FLORENCE ACCORSI

d'après l'entretien réalisé avec Élisabeth Duflos,
directrice de la programmation et de l'urbanisme

LA GENÈSE DU PROJET

Créée en 1985, la Société d'économie mixte d'aménagement de Paris (SEMAPA) est missionnée en 1991 pour l'aménagement du quartier appelé aujourd'hui Paris Rive Gauche, un territoire de 130 hectares étiré le long de la Seine sur deux kilomètres et demi, depuis la limite avec la commune d'Ivry-sur-Seine jusqu'à la gare d'Austerlitz, et coupé du reste du 13e arrondissement par le faisceau des voies ferrées. Une ZAC (zone d'aménagement concerté) est créée sur cette rive fluviale et la SEMAPA est chargée de mener les études urbaines en vue d'acquérir les terrains et de les revendre viabilisés à des constructeurs publics ou privés. La plupart des terrains concernés appartient à la SNCF avec laquelle une convention est signée dès l'origine de l'opération. La SEMAPA, qui a distingué huit secteurs d'intervention sur l'ensemble de la ZAC, confie chacun d'eux à un architecte coordinateur qui en définit l'organisation urbaine à partir d'idées structurantes et d'un objectif de programme à atteindre. Charge à lui ensuite d'établir des «fiches de lot» fixant l'enveloppe générale des volumes bâtis et les prescriptions architecturales.

Implantée au mitan de ce territoire et inaugurée en mars 1995, la Bibliothèque nationale de France (Dominique Perrault architecture) fait figure de première pierre. C'est à cette même époque que sont pris les premiers contacts avec l'université

Paris 7-Denis Diderot qui souhaite quitter le campus de Jussieu dont les installations sont hypothéquées par la présence d'amiante dans la construction. Le principe d'un déménagement dans le futur quartier de la rive gauche de Paris est adopté en novembre 1996, avec une option sur le secteur des Grands Moulins.

Dans un délicat équilibrage du programme, la part allouée à l'université n'a cessé de croître, passant de 80 000 m² en 1991 à 130 000 m² en 1997, puis à 210 000 m² en 2003 dans le cadre d'une convention signée entre l'État, la Ville de Paris et le département en application du plan U3M (Université du troisième millénaire). Les concours pour les principaux bâtiments du site sont lancés dès 2001. En 2003, tous les éléments du programme universitaire sont localisés et intégrés dans le programme de la ZAC. En 2009, 110 000 m² de surface de plancher ont d'ores et déjà été réalisés et sont en activité.

L'UNIVERSITÉ DANS LA VILLE

Dès le départ, la SEMAPA plaide pour la mixité urbaine, avec un quartier panachant les programmes de logements, bureaux, commerces et équipements de proximité avec les programmes universitaires. En accord avec l'université Paris 7-Denis Diderot, il ne s'agit nullement de réaliser un campus mais d'implanter l'université dans différents bâtiments au sein du quartier en train de se constituer. À l'annonce de cette implantation, même l'université de Chicago a été séduite, se réservant un pied-à-terre dans le quartier, en rez-de-chaussée de trois immeubles mitoyens construits respectivement par Catherine Furet, Antoine Stinco et Gaëlle Peneau.

Répondant à ce principe de base, l'université Paris 7-Denis Diderot prend place en grande partie dans le secteur Masséna-nord – appelé aussi le quartier des Grands Moulins – conçu par l'Atelier Christian de Portzamparc selon le principe de l'îlot ouvert, qui implique notamment un tracé viaire relativement serré et régulier, des constructions à l'architecture expressive développant quatre façades et des gabarits variés permettant la pénétration de la lumière en cœur d'îlots.
Ce nouvel urbanisme se prête particulièrement à la mixité. À côté des immeubles de logements, le long des rues descendant vers la Seine et des immeubles tertiaires adressés sur l'avenue, s'installe le cœur de l'université dans les bâtiments industriels reconvertis des Grands Moulins de Paris. À l'articulation de ces programmes sont aménagés de vastes espaces de rencontre comblant les attentes des riverains: une grande esplanade paysagère conçue par Thierry Huau, associé à l'équipe de l'Atelier Christian de Portzamparc, et plusieurs jardins imaginés par l'agence Ah-Ah Paysagistes.

Ce principe se développera sur le secteur voisin, Masséna-Bruneseau, coordonné par les Ateliers Lion, qui accueille aussi l'École d'architecture Paris-Val-de-Seine.

Enfin, le dernier secteur concerné par les universités est Masséna-Chevaleret, sous la houlette de Bruno Fortier, au sein duquel s'édifiera le Pôle des langues et civilisations, constitué de l'Institut national des langues et des civilisations orientales (INALCO) et la Bibliothèque universitaire des langues et civilisations (BULAC).

Ainsi, sont amenés à se côtoyer tous les jours dans ce même quartier les habitants, les employés, les chercheurs et les étudiants (à terme 15 000 étudiants et personnels pour Paris 7-Denis Diderot, 1 700 pour l'École d'architecture et 10 000 pour le pôle des langues et civilisations). Ils bénéficient chacun, selon leurs besoins, des équipements de quartier (école, crèche, centre d'animation...), des commerces et services, et des aménagements pour les loisirs (jardins, cafés, cinémas, bibliothèques, expositions et galeries d'art...).

DES BÂTIMENTS UNIVERSITAIRES BIEN IDENTIFIÉS

La grande pluridisciplinarité de l'université, qui regroupe les sciences (physique, chimie, biologie), les lettres, les mathématiques, les sciences humaines et de l'environnement, sans oublier l'architecture, les langues, et les langues orientales, s'exprime à travers des bâtiments aux architectures variées: à chaque discipline, son bâtiment.

Construits entre 1917 et 1921 par l'architecte Georges Wybo et réhabilités par Rudy Ricciotti sans en changer la volumétrie, les Grands Moulins constituent évidemment la pierre d'angle de l'université devant le quai Panhard-et-Levassor. Ils sont doublés parallèlement par la Halle aux Farines, bâtiment datant de 1950 restructuré par l'Agence Nicolas Michelin et Associés - ANMA pour accueillir les amphithéâtres et les salles de cours constituant ainsi le cœur de l'enseignement de l'université. Plusieurs îlots de logements s'insèrent parallèlement à la Halle aux Farines et de l'autre côté de la rue Hélène-Brion s'échelonne un ensemble dédié à l'université: en tête sur la Seine le bâtiment Condorcet (UFR[1] de physique, Atelier d'architecture Chaix & Morel et associés), puis le bâtiment Buffon (UFR des sciences de la vie et Institut Jacques-Monod, FCLP - François Chochon Laurent Pierre) et enfin le bâtiment Lamarck (UFR de biologie, Jean Guervilly et Françoise Mauffret) à proximité de l'avenue de France.

Sur le secteur voisin Masséna-Bruneseau coordonné par les Ateliers Lion architectes urbanistes, séparé du quartier des Grands Moulins par le Biopark[2], se trouvent le bâtiment Lavoisier (UFR de chimie, X-TU) ainsi que l'École d'architecture Paris-Val-de-Seine (Frédéric Borel Architecte) qui s'est réappropriée la halle et la cheminée de l'ancienne

[1] UFR: unité de formation de recherche

[2] Pôle d'entreprises tournées vers la recherche et l'innovation dans le domaine de la santé

usine SUDAC (Société urbaine de distribution d'air comprimé).

De l'autre côté de l'avenue de France, l'INALCO et la BULAC, conçus par les Ateliers Lion architectes urbanistes sont en chantier.

Pour compléter la donne, quatre autres opérations font l'objet d'une procédure de PPP (partenariat public-privé) :
• les UFR de langues et de sciences humaines,
• les UFR de mathématiques et d'informatique associés à des locaux sportifs,
• les UFR des sciences de la vie et le pôle spatial,
• enfin, le service culture et différents services sociaux.

C'est environ dix pour cent du programme de Paris Rive Gauche qui sont dédiés à l'université Paris 7 - Denis Diderot ainsi qu'à l'École d'architecture Paris-Val-de-Seine et le Pôle des langues et civilisations.

DES MAÎTRISES D'OUVRAGE DIVERSIFIÉES

Dans une première phase, l'EMOC (Établissement de maîtrise d'ouvrage culturelle) a assuré la maîtrise d'ouvrage déléguée des bâtiments des Grands Moulins de Paris, de la Halle aux Farines, Condorcet et Buffon, pour le compte du rectorat de Paris et de l'École d'architecture pour le compte du ministère de la Culture et de la Communication.

La Ville de Paris, à travers sa Direction des affaires scolaires (DASCO), a pris en charge la maîtrise d'ouvrage des bâtiments Lamarck et Lavoisier, et l'a déléguée à la SEMAPA qui a mis en place une équipe chargée d'assurer ces nouvelles missions. Pour la construction de l'INALCO et de la BULAC, la région Île-de-France a elle aussi confié à la SEMAPA la maîtrise d'ouvrage déléguée.

L'université rentre ainsi de plain-pied dans la ville et devient le moteur d'un quartier neuf qui ne manquera pas d'évoquer à certains le Quartier latin, avec la Bibliothèque nationale de France pour montagne Sainte-Geneviève. La SEMAPA a joué la mixité avec finesse, associant logements, équipements et bureaux à l'université au sein d'un même quartier. Conservant les principaux éléments du patrimoine comme les Grands Moulins, la Halle aux Farines et la SUDAC, elle a suscité avec les architectes coordinateurs des propositions architecturales variées pour les bâtiments neufs. Rien de commun entre la relative simplicité de l'UFR de physique, la fougue baroque du bâtiment Buffon, l'élégante sobriété du bâtiment Lamarck ou l'abstraction démonstrative du bâtiment Lavoisier. La diversité ici fait école sur un territoire partagé.

L'UNIVERSITÀ HA DIRITTO DI CITTADINANZA

FLORENCE ACCORSI

dall' intervista con Élisabeth Duflos,
direttrice della programmazione e dell'urbanistica

GENESI DEL PROGETTO

Creata nel 1985, la SEMAPA (società a capitali misti per la pianificazione territoriale della città di Parigi) ha ricevuto nel 1991 l'incarico della sistemazione del quartiere che oggi si chiama Paris Rive Gauche, un'area di 130 ettari che costeggia la Senna per 2,5 km, dal confine con il comune di Ivry-sur-Seine fino alla stazione di Austerlitz, e separata dal resto del XIII arrondissement dal fascio di linee ferrate che l'attraversano. Su questa sponda del fiume è stata creata una ZAC (Zona di pianificazione concertata) e alla SEMAPA è stato chiesto di condurre uno studio urbano in previsione dell'acquisto delle aree necessarie per poi rivenderle urbanizzate a costruttori pubblici e privati. La maggior parte delle aree in questione appartiene alla SNCF con la quale è stata firmata una convenzione sin dall'origine dell'operazione.

La SEMAPA, che ha distinto otto settori d'intervento sulla totalità della ZAC, ha nominato per ciascun settore un architetto coordinatore per definirne l'organizzazione urbana partendo dalle idee strutturanti e da un obiettivo di programma da raggiungere. Compito suo, poi, redigere le schede dei lotti finalizzate alla verifica dello sviluppo generale dei volumi realizzati e delle prescrizioni architettoniche.

Situata al centro di quest'area e inaugurata nel marzo 1995, la Bibliothèque nationale de France (Dominique Perrault architecture) ne è considerata la prima pietra. A questa stessa epoca risalgono i contatti con l'Università Paris 7-Denis Diderot, prossima a lasciare il campus di Jussieu, i cui edifici sono sotto sequestro per la presenza di amianto nelle strutture. Il provvedimento di trasferimento nel futuro quartiere della riva sinistra della Senna è stato adottato nel novembre 1996, con l'opzione per il settore Grands Moulins.

Sempre in conformità con i dettami del programma e nel quadro di una convenzione firmata tra Stato, Comune di Parigi e Dipartimento per l'applicazione del piano U3M (Università del Terzo Millennio), la parte assegnata all'università ha continuato ad aumentare, passando da 80.000 m^2 nel 1991 a 130.000 m^2 nel 1997 e a 210.000 m^2 nel 2003. I concorsi per la progettazione dei principali edifici del sito sono pubblicati nel 2001, e nel 2003 tutti i punti del programma universitario sono individuati e integrati in quello della ZAC. Nel 2009, 110.000 m^2 di superficie sono già stati realizzati e in attività.

L'UNIVERSITÀ IN CITTÀ

Fin dalla sua creazione, la SEMAPA è favorevole alla promiscuità urbana, specie in un quartiere nel quale sono in gioco programmi di pianificazione abitativa, amministrativa, commerciale e di edilizia universitaria. In accordo con l'Università Paris 7-Denis Diderot, non si tratta assolutamente di realizzare un campus, ma di dislocare le varie unità di formazione nei vari edifici all'interno del quartiere mentre si stanno costituendo. All'annuncio di questa operazione, anche l'Università di Chicago ne è stata sedotta, prenotandosi un *pied-à-terre* nel quartiere, al pianoterra di tre palazzi attigui costruiti rispettivamente da Catherine Furet, Antoine Stinco e Gaëlle Peneau.
Tenendo fede a questo principio di base, le strutture dell'ateneo parigino Denis Diderot sono dislocate in gran parte nel settore Masséna-nord –chiamato anche quartiere Grands Moulins– pensato dall'Atelier Christian de Portzamparc secondo il modello dell'"isolato aperto", che nello specifico prevede un tracciato viario relativamente fitto e regolare, costruzioni ispirate a un'architettura espressiva che sviluppa quattro facciate e profili vari in modo da permettere alla luce di filtrare fino alla parte più interna dell'isolato.

Questa nuova urbanistica è particolarmente attenta alla promiscuità. Accanto agli immobili a destinazione abitativa lungo le vie che scendono verso la Senna, e a quelli terziari rivolti verso il viale, negli edifici industriali riconvertiti dei Grands Moulins parigini è posto il cuore dell'università. L'articolazione di questi programmi prevede ampi spazi per socializzare che soddisfano le aspettative degli abitanti della riva: un grande piazzale paesaggistico pensato da Thierry Huau, associato all'equipe dell'Atelier Christian de Portzamparc, e altri giardini progettati dallo studio Ah-Ah Paysagistes.

Principio, questo, che si svilupperà nel settore vicino, Masséna-Bruneseau, coordinato dagli Ateliers Lion architectes urbanistes, e che prevede anche la Scuola di Architettura Paris-Val-de-Seine.

Infine, l'ultimo settore interessato dai lavori è Masséna-Chevaleret, affidato al coordinamento di Bruno Fortier, che ospiterà il Polo di lingue e civiltà, composto l'Istituto Nazionale delle Lingue e delle Civiltà Orientali (INALCO) e della Biblioteca Universitaria di Lingue e Civiltà (BULAC).

In tal modo, ogni giorno, in questo stesso quartiere troveranno spazio impiegati, ricercatori e studenti (15000 tra studenti e personale a Paris 7-Denis Diderot, 1700 alla Scuola di Architettura e 10000 per il polo di lingue e civiltà). Chiunque, secondo i propri bisogni, potrà beneficiare di strutture di quartiere (scuole, asili nido, centri di animazione...), attività commerciali e servizi, e di spazi per il tempo libero (giardini, caffetterie, cinema, biblioteche, mostre e gallerie d'arte...).

EDIFICI UNIVERSITARI BEN IDENTIFICABILI

L'ampia offerta pluridisciplinare dell'università, che raggruppa le scienze (fisica, chimica, biologia), le lettere, la matematica, le scienze umane e l'ambiente, le lingue europee e quelle orientali, senza dimenticare l'architettura, trova espressione in edifici improntati ad architetture diversificate. Come dire: a ogni disciplina, il suo edificio.

Costruiti tra il 1917 e il 1921 dall'architetto Georges Wybo e riadattati da Rudy Ricciotti senza alterarne la volumetria, i Grands Moulins costituiscono evidentemente la pietra angolare dell'ateneo davanti al lungosenna Panhard-et-Levassor. Sono doppiati in parallelo dalla Halle aux Farines, edificio del 1950 ristrutturato dallo dall'Agence Nicolas Michelin et Associés - ANMA per fare spazio alle aule magne e alle aule per le lezioni che costituiscono il cuore dell'insegnamento universitario. Sono tanti gli isolati con alloggi che si inseriscono parallelamente alla Halle aux Farines, mentre dall'altra parte della rue Hélène-Brion si dividono un insieme dedicato all'università: per primo, affacciato sulla Senna, l'edificio Condorcet (UFR[1] di Fisica, Atelier d'architecture Chaix & Morel et associés), a seguire l'edificio Buffon (UFR di Scienze della vita e l'Istituto Jacques-Monod, FCLP - François Chochon Laurent Pierre) e per finire l'edificio Lamarck (UFR di Biologia, Jean Guervilly e Françoise Mauffret) vicino all'avenue de France.

Sul settore vicino Masséna-Bruneseau, coordinato dagli Ateliers Lion architectes urbanistes, separato dal quartiere dei Grands Moulins tramite il Biopark[2], si trovano l'edificio Lavoisier (UFR di Chimica, X-TU) e la Scuola di Architettura Parigi Val-de-Seine

[1] UFR: unità di formazione e di ricerca

[2] Biopark: polo di imprese e di attività dedicate alla ricerca e all'innovazione nel campo della salute.

(Frédéric Borel Architecte) che si è riappropriata della halle e della ciminiera dell'antica fabbrica SUDAC (Società urbana di distribuzione aria compressa). Dall'altro lato dell'avenue de France, l'INALCO e la BULAC, progettati dagli Ateliers Lion architectes urbanistes, sono in corso d'opera.

Per completezza di dati, vi sono altre quattro operazioni che rientrano nella procedura di PPP (Partenariato pubblico-privato):
- le UFR di Lingue e Scienze umane,
- le UFR di Matematica e Informatica associate a dei locali sportivi,
- le UFR delle scienze biologiche e il polo spaziale,
- infine, il servizio cultura e vari servizi sociali.

Circa il 10% del programma Paris Rive Gauche è dedicato all'Università Paris 7-Denis Diderot e alla Scuola di Architettura Paris-Val-de-Seine e il Polo di lingue e civiltà.

CONTROLLI DIFFERENZIATI

In una prima fase, l'EMOC (Commissione per la committenza pubblica delle opere culturali) ha assicurato il controllo delegato dei lavori relativi agli edifici dei Grands Moulins, della Halle aux Farines, Condorcet e Buffon per conto del Rettorato di Parigi e a quelli della Scuola di Architettura per conto del Ministero della Cultura e della Comunicazione.

Il Comune di Parigi, per tramite della Direzione degli Affari scolastici (DASCO), si è assunto l'onere del controllo dello stato di avanzamento dei lavori degli edifici Lamarck e Lavoisier, per poi delegarlo alla SEMAPA, che ha costituito una équipe con l'incarico di seguire queste nuove missioni. Per la costruzione dell'INALCO e della BULAC, anche la Regione ha affidato alla SEMAPA la committenza delegata.

In questo modo l'università entra di diritto in città e diventa il motore di un quartiere nuovo, che a qualcuno ricorderà di certo il Quartiere Latino, con la Bibliothèque nationale de France e la collina Sainte-Geneviève. La SEMAPA ha affrontato la promiscuità con efficienza, mettendo in seno allo stesso quartiere, oltre alle strutture dell'ateneo, anche alloggi, impianti e uffici. Mirando alla conservazione della parte più rilevante del patrimonio, come i Grands Moulins, la Halle aux Farines e la SUDAC, la SEMAPA si è rivolta ad architetti coordinatori per i nuovi progetti di edifici da realizzare. Niente accomuna la relativa semplicità dell'UFR di Fisica, il furore barocco dell'edificio Buffon, l'elegante sobrietà dell'edificio Lamarck o l'astrazione dimostrativa dell'edificio Lavoisier. Qui la diversità riesce a fare scuola in un territorio condiviso.

THE UNIVERSITY'S RIGHT TO THE CITY

FLORENCE ACCORSI

based on the interview with Élisabeth Duflos,
programming and city planning director

ORIGINS OF THE PROJECT

Created in 1985, the Paris region economic development agency (Société d'Économie Mixte d'Aménagement de Paris – SEMAPA) was mandated in 1991 to develop the district now known as Paris Rive Gauche. This 130 hectare site runs along the river Seine over a distance of 2.5 kilometres, from the boundary with the town of Ivry-sur-Seine up to the Austerlitz main line station, and is separated from the rest of the 13th arrondissement by a set of railway lines. This riverbank zone was declared an urban redevelopment area (Zone d'Aménagement Concerté – ZAC) and SEMAPA was assigned the urban studies in view of acquiring the land and selling it on to public or private builders as serviced sites. Most of the concerned sites belonged to SNCF (French railways authority) with which a contract agreement was signed at the very outset of the operation.

SEMAPA divided the entire ZAC into eight intervention sectors and gave each of these to a coordinating architect responsible for the urban organisation which was to be defined on the basis of structuring ideas and a programme objective to be attained. It was then up to each of these architects to establish "plot data files" setting the general envelope of the volumes to be built and the architectural requirements to be met.

Positioned in the centre of this area and inaugurated in March 1995, the French National Library (designed by Dominique Perrault architecture) represented the foundation stone for the future ZAC. At the same time, first contacts were made with the Paris 7-Denis Diderot university which wanted to move away from the Jussieu campus as its Installations were contaminated by the presence of asbestos. The principle of moving to the future Paris Rive Gauche district was adopted in November 1996, with an option taken for the Grands Moulins sector.

Delicately balancing the overall programme, the area allocated to the university continued to grow, increasing from 80,000 m^2 in 1991 to 130,000 m^2 in 1997, and then to 210,000 m^2 in 2003, within the framework of a contract agreement signed between the State, the City of Paris authorities and the Département de Paris in application of the U3M (third millennium university) programme. Competitions for the main buildings on the site were launched in 2001. By 2003, all the university programme elements had been localised and integrated into the ZAC programme. In 2009, 110,000 m^2 of floor area were already built and activity.

THE UNIVERSITY IN THE CITY

From the outset, SEMAPA argued for an urban mix favouring a district combining housing programmes, offices, shops and local facilities alongside the university programmes. In consultation with Paris 7-Denis Diderot university, it was decided that rather than build a university campus, the basic concept would be to locate the university in different buildings within the district being created. Paris 7-Denis Diderot university's intention to move to the area also persuaded the University of Chicago to provide itself with a base in the district, on the ground floor of three semi-attached buildings built respectively by Catherine Furet, Antoine Stinco and Gaëlle Peneau.

In accordance with this fundamental principle, most of Paris 7-Denis Diderot university premises were located in the Masséna-nord sector –also called the Grands Moulins district– designed by the Atelier Christian de Portzamparc according to an open plot principle which, in particular, implied a relatively tight and regular roadway layout, buildings expressing their architecture on all four sides and varied envelopes allowing the light to penetrate through to the heart of the plots.
This new urbanism is particularly appropriate to a mixed occupation. The core of the university is installed in the converted Grands Moulins de Paris industrial buildings which are located next to housing blocks along the roads leading down towards the river Seine and the service sector buildings giving onto the avenue. The links between these

various programmes are laid out as generously proportioned spaces able to satisfy the expectations of local residents: a large landscaped esplanade designed by Thierry Huau, working with the Atelier Christian de Portzamparc team, and a number of gardens imagined by the Ah-Ah Paysagistes landscape design agency.

This same principle is continued in the adjoining Masséna-Bruneseau sector, coordinated by the Ateliers Lion architectes urbanistes, which is also the setting for the Paris-Val-de-Seine school of architecture.

Lastly, there is the Masséna-Chevaleret sector which, under the direction of Bruno Fortier, is the final area concerned by the universities. This sector will see the construction of the Languages and Civilisations Centre, made of the national institute of oriental languages and civilisations (Institut National des Langues et des Civilisations Orientales – INALCO) and the university library of languages and civilisations (Bibliothèque Universitaire des Langues et Civilisations – BULAC).

The result will be a district encouraging constant contact between residents, employees, researchers and students (15,000 students and personnel for Paris 7-Denis Diderot 1,700 for the school of architecture and 10,000 for the languages and civilisations centre). The specific needs of each population will be met by local facilities (school, kindergarten, activities centre, etc.), shops, services and leisure amenities (such as gardens, cafés, cinemas, libraries, exhibitions and art galleries).

WELL IDENTIFIED UNIVERSITY BUILDINGS

The great multidisciplinarity of this university, grouping together the sciences (physics, chemistry and biology), humanities, mathematics, social and environmental sciences as well as languages, without forgetting architecture and oriental languages, is expressed through the different architectures, with each discipline having its own building.

Built between 1917 and 1921 by architect Georges Wybo and rehabilitated by Rudy Ricciotti without changing its volumetry, the Grands Moulins buildings clearly represent the university's cornerstone giving onto Quai Panhard-et-Levassor. These lie in parallel with the Halle aux Farines, a building dating back to 1950 that has been restructured by the Agence Nicolas Michelin et Associés-ANMA to house the auditoriums and lecture rooms, making it the heart of the university's educational function. Several housing blocks have been positioned in parallel with the Halle aux Farines and, on the other side of Rue Hélène-Brion, lies a complex of university buildings leading up from the river.

These include the Condorcet building giving directly onto the Seine (physics teaching and research unit designed by the Atelier d'architecture Chaix & Morel et associés, followed by the Buffon building (biology teaching and research unit and the Institut Jacques- Monod designed by FCLP - François Chochon Laurent Pierre) and finally the Lamarck building (life sciences teaching and research unit designed by Jean Guervilly and Françoise Mauffret) located near Avenue de France.

The neighbouring Masséna-Bruneseau sector, coordinated by Ateliers Lion architectes urbanistesand separated from the Grands Moulins district by the Biopark [1], contains the Lavoisier building (chemistry research teaching centre designed by X-TU) as well as the Paris-Val-de-Seine school of architecture (designed by Frédéric Borel Architecte) which has transformed the hall and chimney stack of the former SUDAC compressed air distribution factory.

INALCO and BULAC, designed by Ateliers Lion architectes urbanistes, are currently being built on the other side of Avenue de France.

Completing this list, four other operations are being built using a PPP (public-private partnership) procedure:
• the languages and social sciences research teaching centres,
• the mathematics and data processing research teaching centres connected to sports premises,
• the life sciences teaching centres and and the planetary sciences center,
• and finally, the culture service and various social services.

Paris 7-Denis Diderot university, Paris-Val-de-Seine school of architecture, and the Languages and Civilisations Centre represent around 10% of the Paris Rive Gauche programme.

[1] Business center dedicated to health research and development

A RANGE OF CLIENTS

During the initial phase, EMOC (Établissement de Maîtrise d'Ouvrage Culturelle) acted as client representative for the local educational authority (Rectorat de Paris) for the Grands Moulins de Paris, Halle aux Farines, Condorcet and Buffon buildings and for the Ministry of Culture and Communication insofar as the school of architecture was concerned.

The City of Paris authorities, through its educational affairs directorate (Direction des Affaires Scolaires – DASCO), acted as client for the Lamarck and Lavoisier buildings and delegated this role to SEMAPA which created a team responsible for carrying out these new missions. Similarly, the Region chose SEMAPA as the client representative for the construction of INALCO and BULAC.

In this way, the university fully integrates into the city and becomes the driving force behind a new district that some will inevitably compare with the Latin Quarter, with the French National Library acting as the Montagne Sainte-Geneviève hill. SEMAPA has taken a highly sensitive approach to encouraging a social mix, associating the university with housing, facilities and offices within the same district. While ensuring the preservation of the main heritage elements such as the Grands Moulins, the Halle aux Farines and SUDAC, it has worked with the coordinating architects to produce a wide range of architectural proposals for the new buildings. There is little in common shared by the relative simplicity of the physics research teaching centre, the Baroque spirit of the Buffon building, the elegant restraint of the Lamarck building or the demonstrative abstraction of the Lavoisier building. Diversity is the only common theme to be found in this shared site.

UNIVERSITÀ

UNIVERSITÉ
PARIS 7
DENIS DIDEROT

UNIVERSITY

GRANDS MOULINS

BIBLIOTHÈQUE / ADMINISTRATION

2006

RUDY RICCIOTTI

GRANDS MOULINS : BIBLIOTHÈQUE / ADMINISTRATION

Les Grands Moulins sont au cœur de la stratégie de redéploiement de l'université Paris 7 - Denis Diderot, pivot d'une université intégrée à la ville et articulée autour de cet emblème industriel. Construit à partir de 1917, ce monument de béton domine le secteur, figure du Commandeur à la tête du site universitaire.

Reconverti pour l'essentiel en bibliothèque centrale et en siège de la présidence, la rencontre de cet ouvrage massif et de son maître d'œuvre est des plus inspirées, Rudy Ricciotti avouant une grande tendresse pour ce « Quasimodo de béton qui transpire le labeur et la sueur ». Guidé par une volonté patrimoniale et environnementale, l'architecte a conservé le maximum des structures existantes. La silhouette caractéristique des Grands Moulins reste inchangée, jusque dans son toit mansardé en béton. En façade, les percements originels décrits par l'architecte comme « les yeux de la ville » ont été démultipliés pour accompagner les nouvelles fonctions implantées. Le legs historique est assumé dans le dessin et le choix des matériaux, comme dans l'absence d'intervention sur les structures. Les menuiseries en bois moabi répondent à de nouveaux besoins sans altérer le dessin d'origine. Sagement alignées, elles réchauffent le corps gris du bâtiment paré d'une épaisse couche d'enduit traditionnel ciment-chaux et d'une peinture minérale de finition. Rudy Ricciotti assume la volumétrie du bâtiment dont il exacerbe l'aspect *bunker* et la démesure sous un gris d'arsenal. L'âpreté en est corrigée par la prolifération des baies cintrées et de délicats détails de construction tels que les claustras en béton fibré ultra performant et les passerelles vitrées qui relient les ailes du bâtiment enserrant une cour minérale qui fait écho à celle de la Sorbonne.

I GRANDS MOULINS : BIBLIOTECA / AMMINISTRAZIONE

I Grands Moulins sono al centro della strategia di riorganizzazione dell'Università Paris 7 - Denis Diderot, perno di un ateneo integrato nella città e articolato attorno a questo emblema industriale. Edificato nel 1917, questo mastodonte di cemento domina il sito universitario con autorità e superbia.

L'incontro di quest'opera massiccia con il suo progettista − Rudy Ricciotti ha riconvertito l'edificio in biblioteca centrale e in sede dell'ufficio di presidenza − è uno dei più ispirati e l'architetto non nasconde di provare grande tenerezza per questo "Quasimodo di cemento che esprime fatica e sudore". Guidato da una volontà patrimoniale ma anche da esigenze ambientali, Ricciotti ha conservato il maggior numero possibile di strutture esistenti. Il caratteristico profilo dei Grands Moulins è rimasto quindi invariato, finanche nel tetto mansardato sempre in cemento. Nel prospetto, la quantità di aperture originarie, descritte dall'architetto come "gli occhi della città", è stata ridotta per assecondare le nuove funzioni. L'eredità storica è assunta nel disegno e nella scelta dei materiali, come pure nell'assenza di intervento sulle strutture. Gli infissi in legno moabi riprodotti in serie rispondono alle nuove esigenze senza alcuna alterazione del disegno originario. Saggiamente allineati, essi animano e infondono calore al corpo grigio dell'edificio, rivestito di una spessa coltre del tradizionale intonaco calce-cemento e rifinito con pittura minerale. Rudy Ricciotti accetta la volumetria della costruzione, esasperandone l'aspetto bunker e facendola apparire smisurata sotto un grigio d'arsenale. A ridimensionarne l'asperità provvede la proliferazione di finestre centinate e di delicati dettagli costruttivi come le pareti divisorie traforate in calcestruzzo fibrato ultra-performante e le passerelle a vetri che collegano le ali dell'edificio strette su un cortile minerale che riecheggia quello della Sorbona.

GRANDS MOULINS : LIBRARY / ADMINISTRATION

The Grands Moulins building is central to the redeployment strategy developed for Paris 7 - Denis Diderot University, a pivotal point for a university integrated into the city and organised around this industrial symbol. Built in 1917, this concrete monument dominates the sector, imposing itself at the head of the university complex.

Essentially converted to provide a central library and the Chancellor's offices, the encounter between this massive building and its architect is particularly inspired. Rudy Ricciotti admits being very fond of this "concrete Quasimodo, redolent of a history of hard labour and sweat". Guided by a respect for the architecture and an environmental approach, the architect decided to retain most of the existing structures. The result is that the characteristic silhouette of the Grands Moulins remains unchanged, right through to its concrete mansard roof. The original openings in the elevations, described by the architect as "the eyes of the city" have been increased to accompany the building's new functions. The historic legacy is revealed through the design and choice of materials, as well as through the decision not to adapt the structures. The moabi wood joinery elements meet all the new requirements without tampering with the original design. Judiciously aligned, they enliven and bring warmth to the grey walls of the building which have simply been given a thick coat of traditional cement-lime render and a mineral paint finish. Rudy Ricciotti accepts the building's volume and even emphasises its enormous bunker-like appearance. Its austerity is mitigated by the proliferation of curved openings and delicate construction details, such as the ultra-high performance fibrous concrete screen walls and the glazed walkways linking the wings of the building and enclosing a hard-surfaced courtyard reminiscent of that to be found in the Sorbonne University.

GRANDS MOULINS

RUDY RICCIOTTI

LES GRANDS MOULINS ET L'ESPLANADE PIERRE-VIDAL-NAQUET / I GRANDS MOULINS E IL PIAZZALE PIERRE-VIDAL-NAQUET /
THE GRANDS MOULINS AND THE ESPLANADE PIERRE-VIDAL-NAQUET

GRANDS MOULINS

RUDY RICCIOTTI

VUE DEPUIS LA RIVE DROITE DE LA SEINE / VISTA DALLA RIVA DESTRA DELLA SENNA / VIEW FROM THE RIGHT BANK OF THE SEINE

HALLE AUX FARINES
PÔLE D'ENSEIGNEMENT UNIVERSITAIRE
2006

AGENCE NICOLAS MICHELIN
ET ASSOCIÉS - ANMA

HALLE AUX FARINES / PÔLE D'ENSEIGNEMENT UNIVERSITAIRE

Séparée des Grands Moulins par une esplanade engazonnée et une bonne génération d'écart, la Halle aux Farines a été construite entre 1949 et 1950 par l'architecte Denis Honegger comme un outil. Longtemps mise en péril, elle a trouvé sa nouvelle vocation pour accueillir les principaux locaux d'enseignement de l'université Paris 7-Denis Diderot : un programme lourd ne comprenant pas moins de treize amphithéâtres (de 160 à 300 places) et de 55 salles de cours. Un exercice d'assemblage que les architectes de l'Agence Nicolas Michelin et Associés-ANMA comparent à un « bateau glissé dans une bouteille ». À l'instar des Grands Moulins, le bâtiment est conservé dans son intégralité, avec ses hauteurs sous plafond importantes, sa voûte en voile mince et ses façades avec de grands panneaux de béton préfabriqués en remplissage de l'ossature. Seule la travée centrale a été évidée afin d'y loger les amphithéâtres dégagés de tout point porteur intermédiaire. Les salles de cours sur les côtés s'empilent de manière à dégager les circulations requises en deux longs couloirs innervant le bâtiment à chaque étage. Certaines étant en double hauteur, la mise en œuvre de pavés de verre en cloisonnement permet un éclairage en second jour des circulations qui bénéficient aussi de vues plongeantes sur deux ou trois niveaux. La création de verrières en toiture assure l'entrée de la lumière zénithale et contribue à la mise en valeur de la voûte. Quatre grands escaliers ouverts desservent l'ensemble. Au rez-de-chaussée, deux vastes passages sur double hauteur traités en halls traversants, sont appelés à fonctionner comme des passages publics, mettant en relation l'esplanade Pierre-Vidal-Naquet avec les autres bâtiments universitaires plus à l'est. Unique dérogation au gabarit d'origine, le restaurant universitaire entièrement vitré implanté en extension sur le pignon côté Seine est un vrai plus pour les étudiants et le personnel enseignant.

HALLE AUX FARINES / POLO DI INSEGNAMENTO UNIVERSITARIO

Separata dai Grands Moulins da un piazzale impiotato e da una generazione buona di differenza, la Halle aux Farines è stata costruita tra il 1949 e il 1950 dall'architetto Denis Honegger per farne una fabbrica. Rimasta a lungo in pericolo, finalmente ha scoperto la sua nuova vocazione per accogliere i principali locali scolastici dell'Università Paris 7-Denis-Diderot: un programma impegnativo che prevede non meno di 13 aule magne (da 160 a 300 posti) e 55 aule. Un esercizio di compattamento che gli architetti dell' Agence Nicolas Michelin et Associés-ANMA paragonano a una "barca che scivola dentro una bottiglia". Alla stregua dei Grands Moulins, questa struttura si conserva ancora intatta, con le sue notevoli elevazioni sotto tetto, la volta a vela sottile e le facciate con grandi pannelli di cemento prefabbricati come riempimento della struttura. Soltanto la navata centrale viene svuotata per fare spazio alle aule magne slegate da qualsiasi elemento portante intermedio. Le aule lungo i lati si allineano in modo da favorire il movimento dei flussi previsti lungo corridoi che innervano l'edificio in ogni suo piano. Poiché alcune di esse sono a doppia altezza, la messa in opera di pavimenti di vetro in intramezzatura permette un'illuminazione *en second-jour* dei percorsi di circolazione che godono di vedute a perpendicolo su due o tre livelli. La creazione di vetrate a copertura assicura l'entrata della luce zenitale e contribuisce alla valorizzazione della volta. Quattro grandi scale mettono in comunicazione tutto l'insieme. Al piano terra, due ampi passaggi a doppia altezza trattati come atri traversanti, sono chiamati a fare da passaggi pubblici, mettendo in relazione il piazzale Pierre-Vidal-Naquet con gli altri edifici universitari più a est. Unica deroga all'idea di partenza: la mensa universitaria interamente a vetri alloggiata sul frontone lato Senna è un autentico vantaggio per studenti e docenti.

HALLE AUX FARINES / ACADEMIC TEACHING CENTRE

Separated from the Grands Moulins by a grassy esplanade and a good generation apart, the Halle aux Farines was built between 1949 and 1950 by architect Denis Honegger to act as a tool. Threatened with demolition for many years, it has finally found a new vocation as a centre containing the main teaching premises for Paris 7-Denis Diderot University: a major programme containing no less than 13 auditoriums (ranging from 160 to 300 seating capacity) and 55 lecture rooms. It was an exercise in compact design that the Agence Nicolas Michelin et Associés-ANMA architects compared to "sliding a boat into a bottle". Like the Grands Moulins, the building has been fully conserved, with its considerable clearance heights, thin vaulted roof and elevations using large prefabricated concrete panels to provide the framework infill. Only the central span was voided to provide space for the freestanding auditoriums. The lecture rooms on the sides are stacked to provide the space needed for the two long distribution corridors on each level. As certain of these are double height, the use of glass bricks as partitioning provides borrowed light within the circulation areas which also have views looking down over two or three levels. The creation of rooflights ensures overhead lighting and places emphasis on the vault. Four large open staircases serve the complex. On ground floor level, two vast double height passageways handled as traversing halls provide public routes, creating a relationship between the Pierre-Vidal-Naquet esplanade and the other university buildings to the east. The single departure from the original building envelope is the fully glazed university restaurant which extends the gable wall and gives onto the river Seine, providing students and teaching staff with an attractive dining environment.

HALLE AUX FARINES

AGENCE NICOLAS MICHELIN ET ASSOCIÉS - ANMA

L'ESPLANADE PIERRE-VIDAL-NAQUET ET LA HALLE AUX FARINES / IL PIAZZALE PIERRE-VIDAL-NAQUET E LA HALLE AUX FARINES / THE ESPLANADE PIERRE-VIDAL-NAQUET AND THE HALLE AUX FARINES

HALLE AUX FARINES

AGENCE NICOLAS MICHELIN ET ASSOCIÉS - ANMA

PERSPECTIVE DE LA HALLE AUX FARINES ET DES GRANDS MOULINS / PROSPETTIVA DELLA HALLE AUX FARINES E DEI GRANDS MOULINS /
PERPSECTIVE OF THE HALLE AUX FARINES AND THE GRANDS MOULINS

HALLE AUX FARINES

AGENCE NICOLAS MICHELIN ET ASSOCIÉS - ANMA

BOXES POUR LES ÉTUDIANTS, DERNIER NIVEAU / BOXES PER GLI STUDENTI, ULTIMO PIANO / BOXES FOR STUDENTS, LAST FLOOR

BÂTIMENT BUFFON

UFR DES SCIENCES DE LA VIE
ET INSTITUT JACQUES-MONOD

2007

FCLP
FRANÇOIS CHOCHON LAURENT PIERRE

BÂTIMENT BUFFON / UFR DES SCIENCES DE LA VIE ET INSTITUT JACQUES-MONOD

Situé dans le prolongement de l'UFR de physique, sur une parcelle quasiment identique de 100 x 40 mètres, le bâtiment Buffon, réalisé par l'agence FCLP - François Chochon Laurent Pierre, mise sur la diversité plutôt que sur l'unité. Il se présente sous la forme de volumes fractionnés reliés par des passerelles répondant au programme de départ associant l'UFR des sciences de la vie d'une part, et l'Institut Jacques-Monod d'autre part, auxquels s'ajoute un restaurant universitaire. Le jeu est celui d'un difficile équilibre à trouver pour que la solution apportée à la forte densité demandée autorise malgré tout vue et lumière au voisinage, sans que le bâtiment ne s'impose comme un corps étranger. La densité s'opère ainsi logiquement du côté de la rue Alice-Dumont-et-Léonie-Duquet donnant sur le Biopark tandis que le maximum d'ouverture se retrouve sur l'intérieur du secteur pour marquer une déférence à l'égard des logements construits sur la rue Hélène-Brion. Un jardin offre une respiration. Le traitement irrégulier de la ligne de ciel favorise la présence du soleil. À cette volontaire diversité volumétrique qui ponctue les 100 mètres de l'opération correspond la richesse de la palette des matériaux extérieurs de revêtement à la fois pour protéger le béton et affirmer la civilité du bâtiment : plaquettes de brique, mosaïque 2 x 2 cm et cuivre étamé pour l'entrée, le restaurant universitaire et la bibliothèque. À l'intérieur, l'organisation est rationnelle avec les bureaux et laboratoires sur les façades et les « machines » au centre. Une attention particulière a été apportée aux espaces de circulation, du hall aux couloirs, d'une grande générosité spatiale et lumineuse.

EDIFICIO BUFFON / UFR DI SCIENZE DELLA VITA E ISTITUTO JACQUES-MONOD

Situato nel prolungamento dell'Unità di Formazione e di Ricerca (UFR) di Fisica, su un'area pressoché identica di 100 x 40 m, l'edificio Buffon, realizzato dallo studio FCLP - François Chochon Laurent Pierre, punta più sulla diversità che sull'unità. Si presenta sotto forma di volumi frazionate collegati fra di loro da passerelle conformi al programma di partenza che accomuna l'UFR di Biologia da una parte e l'Istituto Jacques-Monod dall'altra, cui si aggiunge una mensa universitaria. L'obiettivo in gioco è quello di un difficile equilibrio affinché la soluzione apportata alla forte densità richiesta conceda, malgrado tutto, vista e luce al vicinato, per evitare che l'edificio si imponga come un corpo estraneo. In questo modo la densità agisce ovviamente dal lato della rue Alice-Dumont-et-Léonie-Duquet che dà sul Biopark, mentre il massimo dell'apertura si ritrova all'interno del settore per evidenziare una deferenza nei confronti degli alloggi in costruiti sulla rue Hélène-Brion. A un giardino il compito di concedere respiro. L'alternanza delle altezze dell'edificio ritagliate nel cielo favorisce il passaggio dei raggi solari. A questa volontaria diversità volumetrica che punteggia i 100 m dell'operazione corrisponde la ricchezza della gamma dei materiali scelti per l'esterno, sia a protezione della pannellatura in cemento sia per affermare la sobrietà della struttura: pannelli in laterizio, mosaico di 2 x 2 cm e rame stagnato per l'entrata, la mensa universitaria e la biblioteca. All'interno l'organizzazione è razionale: uffici e laboratori a prospetto e le "macchine" al centro. Un'attenzione particolare è prestata agli spazi di circolazione, dall'atrio ai corridoi, caratterizzati da grande generosità spaziale e luminosità.

BUFFON BUILDING / LIFE SCIENCES TEACHING AND RESEARCH UNIT AND JACQUES-MONOD INSTITUTE

Extending the Physics Teaching and Research Unit (TRU) on an almost identical 100 x 40 metre plot, the Buffon building designed by FCLP - François Chochon Laurent Pierre, is based more on diversity than unity. It takes the form of split up masses linked by walkways. This solution meets the initial programme which sought to associate the biology TRU with the Jacques-Monod Institute as well as incorporate a university restaurant. The challenge was to find a solution able to resolve the difficulty of providing the required high density level while also giving views and providing light to the surrounding constructions, without the building imposing itself as a foreign body. The higher density level logically finds itself on the Rue Alice-Dumont-et-Léonie-Duquet side overlooking the Biopark, while most openings give onto the inside of the sector to defer to the housing units being built on Rue Hélène-Brion. A garden provides the building with a breathing space. The irregularity of the sky-line contributes to bringing sunlight into the building. The voluntary volumetric diversity introduced into the 100 metre length of the operation is accompanied by a wide-ranging palette of external finish materials used to protect the concrete and affirm the courtesy of the building: brick slips, 2 cm x 2 cm mosaics and tinned copper for the entrance, university restaurant and library. The interior organisation is highly rational with offices and laboratories giving onto the elevations and the "machines" in the centre. Particular attention has been paid to the circulation spaces, hall and corridors which are all generously sized and well lit.

UFR DES SCIENCES DE LA VIE ET INSTITUT JACQUES-MONOD

FCLP - FRANÇOIS CHOCHON LAURENT PIERRE

FAÇADE SUR LA RUE HÉLÈNE-BRION ET COUR INTÉRIEURE / FACCIATA SULLA RUE HÉLÈNE-BRION E CORTILE INTERNO / FAÇADE ON THE RUE HÉLÈNE-BRION AND COURTYARD

63

UFR DES SCIENCES DE LA VIE ET INSTITUT JACQUES-MONOD

FCLP - FRANÇOIS CHOCHON LAURENT PIERRE

VERRIÈRE ET ESPACES INTÉRIEURS DU HALL / VETRATA E SPAZI INTERNI DELL'ATRIO / GLASS WALL AND HALL INTERIORS

UFR DES SCIENCES DE LA VIE ET INSTITUT JACQUES-MONOD

FCLP - FRANÇOIS CHOCHON LAURENT PIERRE

ESPACES INTÉRIEURS ET AMPHITHÉÂTRE / SPAZI INTERNI E ANFITEATRO / **INTERIORS AND LECTURE HALL**

BÂTIMENT CONDORCET

UFR DE PHYSIQUE

2007

ATELIER D'ARCHITECTURE
CHAIX & MOREL ET ASSOCIÉS

BÂTIMENT CONDORCET / UFR DE PHYSIQUE

L'UFR de physique, réalisé par l'Atelier d'architecture Chaix & Morel et associés, prend place au premier rang face à la Seine sur la ligne universitaire tracée perpendiculairement au fleuve dans le secteur Masséna-nord. Son pignon est, de 40 mètres, regarde le fleuve tandis que ses deux façades de 100 mètres longent les rues adjacentes présentant un dénivelé non négligeable de 1,50 à 2 mètres sur chaque longueur. Encadrant l'îlot, un socle général en double hauteur et largement vitré permet de rattraper la pente. Érigées sur ce soubassement, trois entités de huit étages s'alignent sur la longueur de la parcelle, séparées par deux traversées élargies de cours à rez-de-chaussée et un patio intérieur, plus confidentiel. Conçus en forme de L et reliés dans les étages hauts par une faille vitrée, les deux premiers bâtiments sont connectés au troisième sur la Seine qui en reprend la volumétrie. À la rigueur de la composition correspond le systématisme des traitements tant dans les matériaux que dans les percements qui s'agrandissent simplement pour signaler les éléments de programme remarquables, tels les laboratoires en double hauteur. Les façades sont toutes réglées sur un même pas de 1,20 mètres qui correspond à l'ossature secondaire de la vêture. Cette dernière dispose en alternance des bardeaux de terre cuite sablée ou des cassettes de zinc prépatiné de modules identiques. Cet ordre binaire façonne l'îlot et sculpte les masses selon un principe fondateur : terre cuite en périmètre extérieur et zinc à l'intérieur des redents. Seule exception à la règle : l'habillage de verre sérigraphié du volume de tête, sur le quai de Seine, qui s'éclaire en lanterne la nuit, une contribution, au titre du 1% artistique, de Keiichi Tahara.

EDIFICIO CONDORCET / UFR DI FISICA

L'UFR di Fisica, realizzata dal Atelier d'architecture Chaix & Morel et associés, prende posto in prima fila di fronte alla Senna sulla linea delle UFR tracciata perpendicolarmente al fiume nella zona nord del quartiere Masséna. Il frontone, forte dei suoi 40 m, guarda il fiume, mentre le sue due facciate da 100 m rasentano le vie adiacenti che presentano un dislivello non indifferente, da 1,50 a 2 m per ogni lunghezza. Nell'inquadrare l'isolato, un basamento generale a doppia altezza e con ampio rivestimento a vetri permette di ridurre il dislivello. Su questo basamento si ergono tre distinte entità di otto piani allineate sulla lunghezza della parcella, comunicanti grazie a due attraversamenti allargati e separati da cortili a pianterreno e da un patio interno, più riservato. L'insieme è concepito a forma di L e collegato nei piani alti da una superficie a vetri, coi primi due edifici connessi al terzo sulla Senna che ne riprende la volumetria. Al rigore della composizione corrisponde la sistematicità dei trattamenti, tanto dei materiali quanto delle aperture che si allargano solo per segnalare gli elementi più notevoli del programma, come i laboratori che si sviluppano su una doppia altezza. Le facciate si rifanno tutte a uno stesso passo di 1,20 m che corrisponde all'ossatura secondaria del rivestimento. Quest'ultimo dispone in alternanza di assicelle di copertura di terracotta sabbiata o di cofanetti di zinco prepatinato in moduli identici. Quest'ordine binario dà vita all'isolato e scolpisce le masse secondo un principio fondante: terracotta sul perimetro esterno e zinco all'interno dei dentelli. Unica eccezione alla regola: il rivestimento in vetro serigrafato del volume superiore, sul lungosenna, che nelle ore notturne si illumina a lanterna, un contributo artistico di Keiichi Tahara.

CONDORCET BUILDING / PHYSICS TEACHING AND RESEARCH UNIT

The physics teaching and research unit (TRU) designed by Atelier d'architecture Chaix & Morel et associés faces directly onto the river Seine along the university line traced out perpendicularly to the river in the Masséna-nord sector. Its 40 metres gable wall overlooks the river while its two 100 metre long elevations run along the adjacent streets, presenting a far from insignificant height difference of 1.50 to 2 metres along each length. Framing the plot, a double height and largely glazed base is used to pick up the slope. Rising up from this base, three eight storey buildings align along the length of the plot, separated by two traversing routes that open out to create courtyards on ground floor level and a more private interior patio. Designed as an L-shape and linked on the upper levels by a glazed cleft, the first two buildings are connected to the third one giving onto the river Seine which picks up the overall volumetry. The rigour of the composition is matched by the systematic approach to materials and to the different sized openings that draw attention to what is going on behind them, such as double height laboratories. The elevations are all laid out using the same 1.20 metre grid which corresponds to the secondary cladding framework. The latter alternates identically sized sandblasted terra-cotta shingles and pre-patinated zinc panels. This binary order organises the plot and sculpts the masses according to a fundamental principle: terra-cotta on the outside perimeter and zinc inside the recesses. The only exception to this rule is screen-printed glass cladding on the top volume overlooking the Quai de Seine which lights up like a lantern at night, an installation by Keiichi Tahara incorporated within the scope of the 1% artistic contribution.

UFR DE PHYSIQUE

ATELIER D'ARCHITECTURE CHAIX & MOREL ET ASSOCIÉS

ANGLE QUAI PANHARD-ET-LEVASSOR ET RUE HÉLÈNE-BRION / ANGOLO QUAI PANHARD-ET-LEVASSOR E RUE HÉLÈNE-BRION /
CORNER QUAI PANHARD-ET-LEVASSOR AND RUE HÉLÈNE-BRION

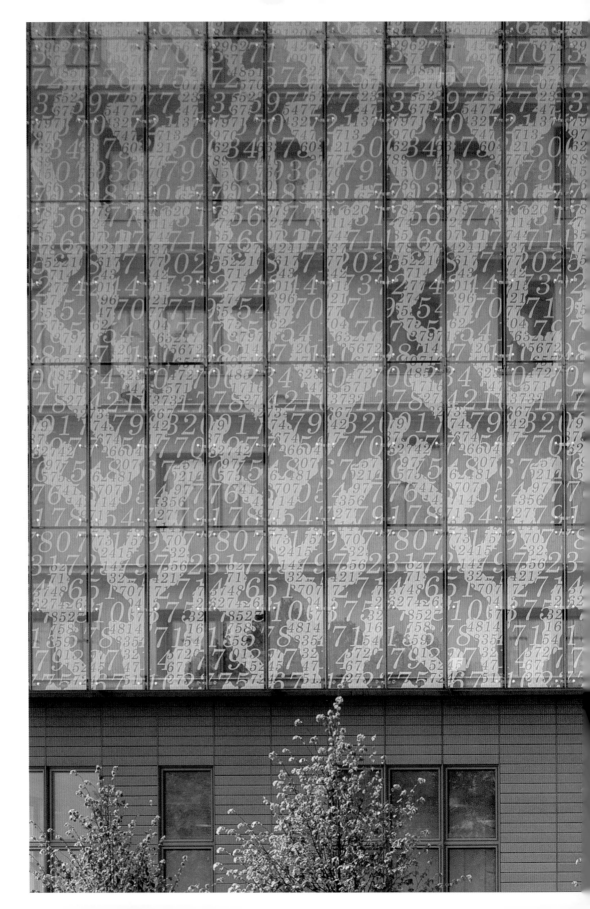

UFR DE PHYSIQUE

ATELIER D'ARCHITECTURE CHAIX & MOREL ET ASSOCIÉS

ANGLE RUE ELSA-MORANTE ET RUE ALICE-DOMONT-ET-LÉONIE-DUQUET / ANGOLO RUE ELSA-MORANTE E RUE ALICE-DOMONT-ET-LÉONIE-DUQUET /
CORNER RUE ELSA-MORANTE AND RUE ALICE-DOMONT-ET-LÉONIE-DUQUET

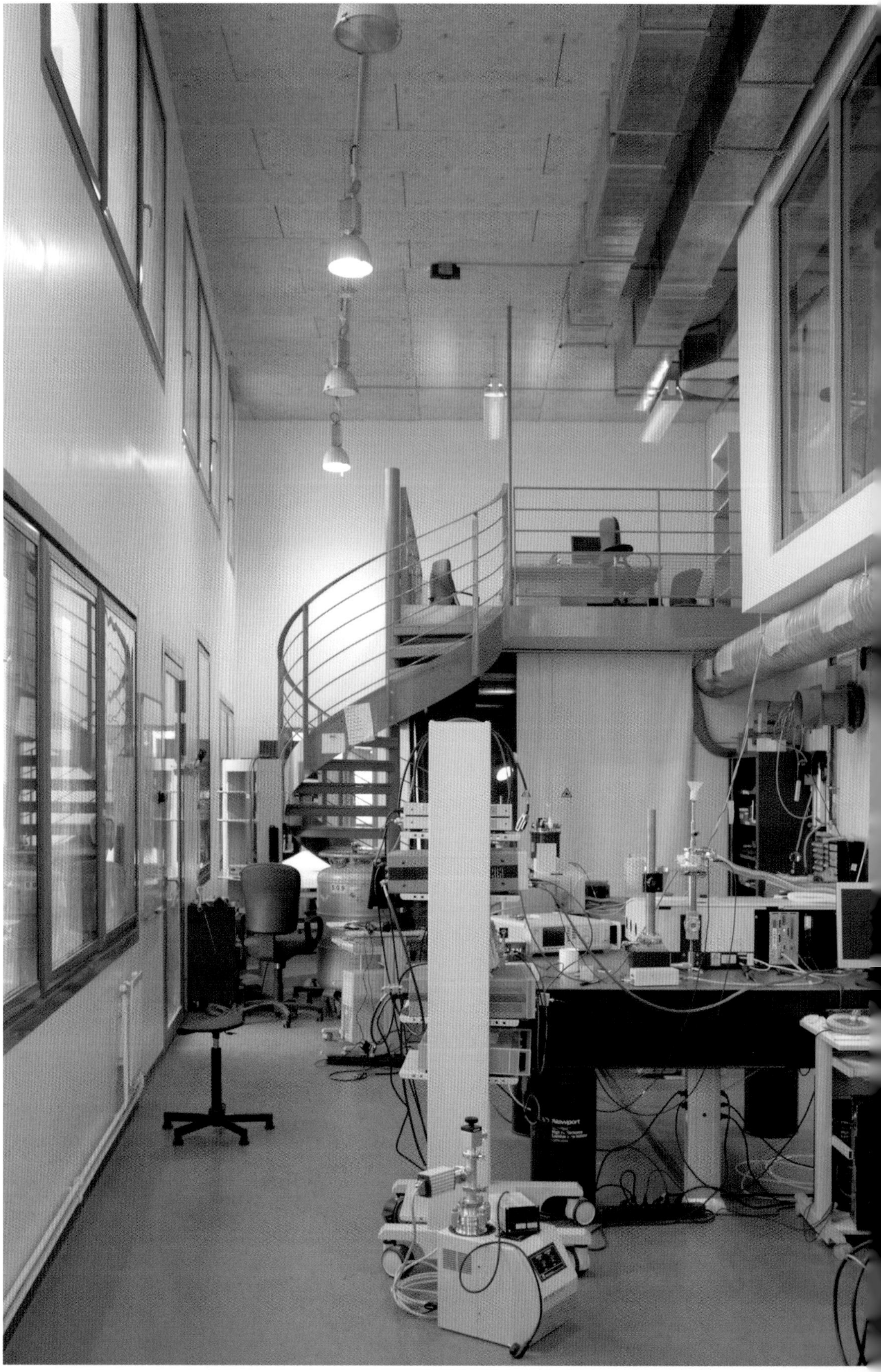

UFR DE PHYSIQUE

ATELIER D'ARCHITECTURE CHAIX & MOREL ET ASSOCIÉS

LABORATOIRE ET HALL / LABORATORIO E ATRIO / **LABORATORY AND HALL**

En 2004, la SEMAPA, maître d'ouvrage délégué de la Ville de Paris, lance le concours pour la construction de l'UFR de biologie. / Nel 2004, la SEMAPA, committente delegato per il Comune di Parigi, avvia il concorso per la costruzione dell'UFR di Biologia. / In 2004, the SEMAPA, client delegate for the City of Paris, launched a competition for the Biology Teaching and Research Unit.

CONCURRENTS / CONCORRENTI / COMPETITORS
2/3/4 - OLIVIER ARÈNE
FLINT
JACQUES FERRIER ARCHITECTURES
JACQUES RIPAULT - ATELIER D'ARCHITECTURE RIPAULT-DUHART
JEAN GUERVILLY ET FRANÇOISE MAUFFRET

BÂTIMENT LAMARCK

UFR DE BIOLOGIE

2008

JEAN GUERVILLY ET FRANÇOISE MAUFFRET

LAURÉATS / VINCITORI / WINNERS

BÂTIMENT LAMARCK / UFR DE BIOLOGIE

Positionné dans la continuité des nouveaux UFR, le bâtiment Lamarck (UFR de biologie) se distingue par une composition parfaitement réglée de volumes parallépipédiques. Le pari des architectes Jean Guervilly et Françoise Mauffret était de répondre aux deux termes antinomiques de l'îlot ouvert défini par l'architecte coordinateur du secteur, Christian de Portzamparc, et de la forte densité demandée. Les deux architectes ont adopté un parti franc posant une barre de huit étages sur la rue Alice-Domont-et-Léonie-Duquet pour mieux jouer des hauteurs sur les deux autres rues adjacentes et créer surtout un vrai jardin intérieur planté de chênes, source de lumière pour tout le bâtiment. Installé sous un grand porte-à-faux de 6 mètres et long de 22 mètres, le hall entièrement vitré participe à l'élargissement visuel de cet espace vert dont les parois en brique émaillée blanche accentuent encore les dimensions. La transparence en rez-de-chaussée du côté de la rue Marie-Andrée-Lagroua-Weill-Hallé complète la scénographie en ouvrant l'espace. Maîtrise, sobriété, simplicité, économie et solidité sont ici de mise pour un bâtiment qui se veut pérenne, à l'adresse des étudiants. Les façades sur rue sont toutes en béton revêtu de plaquettes de parement en terre cuite couleur terre de Sienne brûlée qui ont l'avantage de faire ressortir le cœur blanc. Les menuiseries en aluminium poli reprennent toutes le même module et sont placées au nu extérieur pour faciliter l'entretien. Des stores mobiles situés entre les verres du double vitrage complètent l'équipement pour offrir aux utilisateurs les meilleures conditions de confort et d'intimité. Le bâtiment a reçu une mention spéciale à l'Équerre d'argent 2008.

EDIFICIO LAMARCK / UFR DI BIOLOGIA

Sulla linea delle nuove UFR costruite, l'edificio Lamarck (UFR di Biologia) si distingue per una composizione regolata perfettamente su volumi a parallelepipedo. La sfida degli architetti Jean Guervilly e Françoise Mauffret consisteva nel trovare una risposta all'antinomia "isolato aperto", definita dall'architetto coordinatore del settore, Christian de Portzamparc, e all'alta densità richiesta. Sfida che si è risolta i due architetti hanno avuto ricorso a una sbarra di otto piani sulla rue Alice-Domont-et-Léonie-Duquet per gestire meglio le altezze sulle altre due vie adiacenti, ma soprattutto per creare un vero giardino-querceto interno, fonte di luce per tutto l'edificio. Sistemato sotto un grande aggetto di 6 m e lungo 22 m, l'atrio totalmente a vetri è partecipe dell'ampliamento visivo di questo spazio verde le cui pareti in mattoni smaltati bianchi ne accentuano ancora di più le dimensioni. La transparenza al pianoterra da lato della rue Marie-Andrée-Lagroua-Weill-Hallé, completa la scenografia aprendone lo spazio. Maestria, sobrietà, semplicità, economia e solidità si addicono a un edificio destinato agli studenti e pensato per durare. Le facciate sulla via sono tutte in cemento rivestito di pannelli faccia a vista in terracotta color terra di Siena bruciata che ne fanno risaltare la parte centrale bianca. Gli infissi in alluminio levigato si rifanno tutti allo stesso modulo e sono posti all'esterno per evitare la formazione di muschi e le colature e rendere più agevole la manutenzione. Completano la dotazione tende mobili poste tra i vetri-camera allo scopo di offrire agli utenti le condizioni migliori di comfort e *privacy*. L'edificio ha ricevuto una menzione speciale del premio Équerre d'argent 2008.

LAMARCK BUILDING / BIOLOGY TEACHING AND RESEARCH UNIT

Positioned along the main line of the newly built teaching and research units (TRU), the Lamarck building (biology TRU) stands out through its perfect organisation of parallelepiped volumes. The challenge facing architects Jean Guervilly and Françoise Mauffret was to resolve the two contradictory conditions of the open plot system defined by the sector's coordinating architect, Christian de Portzamparc, and the required high density level. The two architects adopted a clear-cut scheme placing an eight storey block giving onto Rue Alice-Domont-et-Léonie-Duquet to balance the building heights on the two adjacent streets and, above all, by the creation of a large oak-planted interior garden providing a light source for the entire building. Installed under a six metre wide and 22 metre long cantilever, the entirely glazed hall plays an important role in visually enlarging this landscaped space whose white enamelled brick walls further accentuate its size. The transparency of the ground floor on the Rue Marie-Andrée-Lagroua-Weill-Hallé side completes the scenography by creating even more space. Perfect control, sobriety, simplicity, economy and solidity are combined to create a durable building available to students. The concrete street elevations are clad in burnt Sienna coloured facing slips that have the advantage of making the white heart of the building stand out. The polished aluminium doors and windows are placed lush with the external face to avoid the development of any fungus or streaking and to simplify maintenance and cleaning. Mobile blinds incorporated into the double glazing provide users with excellent comfort and privacy conditions. The building received a special mention during the Équerre d'argent awards in 2008.

BÂTIMENT LAMARCK / UFR DE BIOLOGIE

JEAN GUERVILLY ET FRANÇOISE MAUFFRET

FAÇADE SUD / FACCIATA SUD / SOUTH FAÇADE

BÂTIMENT LAMARCK / UFR DE BIOLOGIE

JEAN GUERVILLY ET FRANÇOISE MAUFFRET

RUE HÉLÈNE-BRION - ENTRÉE DES ÉTUDIANTS / RUE HÉLÈNE-BRION - INGRESSO DEGLI STUDENTI / RUE HÉLÈNE-BRION - STUDENT ENTRANCE

BÂTIMENT LAMARCK / UFR DE BIOLOGIE

JEAN GUERVILLY ET FRANÇOISE MAUFFRET

DÉTAIL DE FAÇADE - COUR D'ENTRÉE / PARTICOLARE DI FACCIATA - CORTILE D'INGRESSO / FAÇADE DETAIL - ENTRANCE COURTYARD

BÂTIMENT LAMARCK / UFR DE BIOLOGIE
JEAN GUERVILLY ET FRANÇOISE MAUFFRET
COUR INTÉRIEURE / CORTILE / COURTYARD

BÂTIMENT LAMARCK / UFR DE BIOLOGIE

JEAN GUERVILLY ET FRANÇOISE MAUFFRET

INTÉRIEUR-EXTÉRIEUR – SALLES DE COURS / INTERNO-ESTERNO – AULE / INTERIORS-EXTERIORS – CLASSROOMS

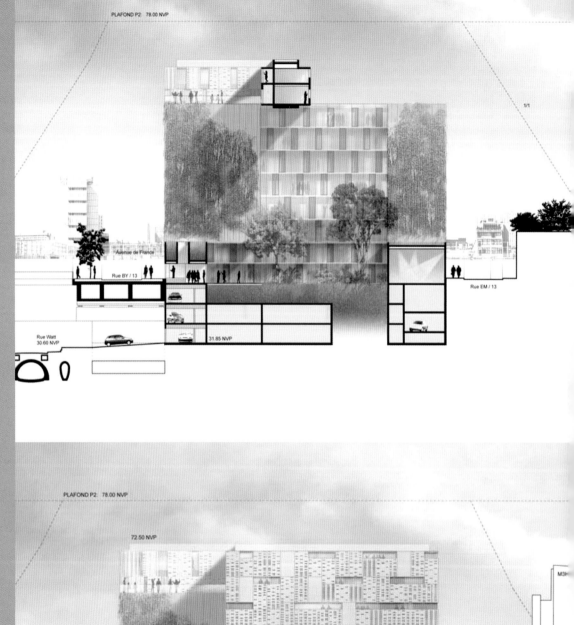

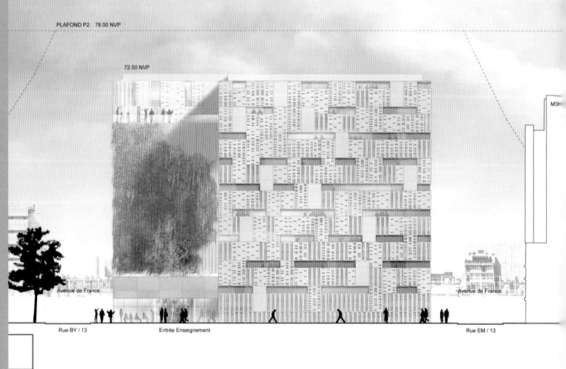

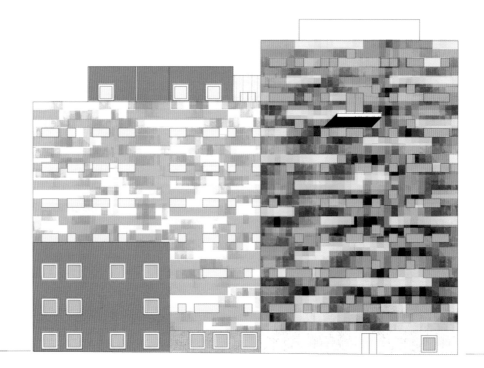

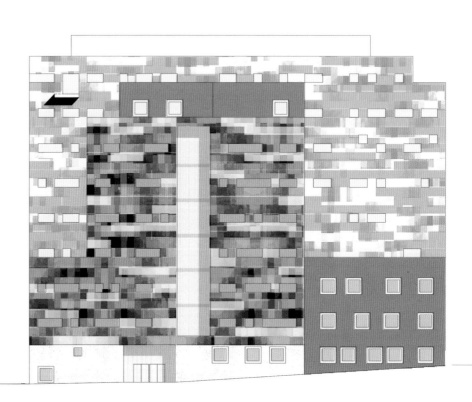

rue EM

rue BY

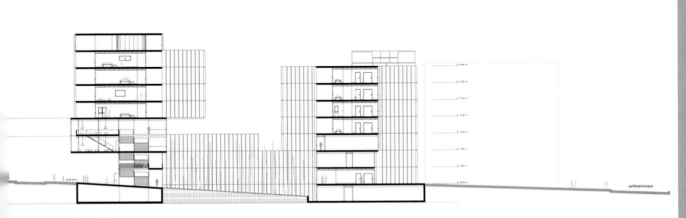

coupe longitudinale 1/200

En 2004, la SEMAPA, maître d'ouvrage délégué de la Ville de Paris, lance le concours pour la construction de l'UFR de chimie. / Nel 2004, la SEMAPA, committente delegato per il Comune di Parigi, avvia il concorso per la costruzione dell'UFR di Chimica. / In 2004, the SEMAPA, client delegate for the City of Paris, launched a competition for the Chemistry Teaching and Research Unit.

CONCURRENTS / CONCORRENTI / COMPETITORS
CORINNE VEZZONI ET ASSOCIÉS
FRANCIS SOLER ARCHITECTURE
INTÉGRAL LIPSKY + ROLLET ARCHITECTES
THIERRY VAN DE WYNGAERT ARCHITECTES ASSOCIÉS
X-TU

BÂTIMENT LAVOISIER

UFR DE CHIMIE

2008

X-TU

LAURÉAT / VINCITORE / WINNER

BÂTIMENT LAVOISIER / UFR DE CHIMIE

Implanté en regard de l'École d'architecture Paris-Val-de-Seine, le bâtiment Lavoisier conçu par X-TU pour l'UFR de chimie est un prisme dont le socle partiellement évidé permet d'envisager la relation au futur quartier qui viendra prolonger l'aménagement du secteur. Un grand escalier et une forêt de poteaux disposés aléatoirement caractérisent cet espace en creux qui crée une pente naturelle et constitue également l'entrée de l'UFR. Le bâtiment lui-même dessine un volume en U dégageant une large cour plantée traversée de deux cylindres en Inox brillant faisant office de passerelles entre les ailes de l'édifice et apportant une forte dynamique à l'ensemble. Les façades sont volontairement lisses, en verre et plaques d'Inox à l'extérieur, en béton lasuré sombre et verre sérigraphié blanc à l'intérieur, ajoutant à l'abstraction générale. À l'intérieur, l'organisation est très lisible avec les laboratoires situés en haut, les bureaux au milieu, et les salles de travaux dirigés (TD) et de travaux pratiques (TP) en bas. Les capacoe de circulation sont traités en verre de couleur vert pomme qui les distingue nettement et leur confère une ambiance particulière. De même le hall qui court sur trois niveaux emprunte ses couleurs au répertoire végétal. Il relie les principaux étages consacrés aux TD et aux TP, et constitue véritablement l'espace des étudiants. Apparaissant dans sa demi-coque cintrée comme une forme plastique en creux, il se prolonge sur le jardin et les emmarchements extérieurs qui pourront servir à l'occasion de lieux de détente. Soixante-dix cheminées implantées par groupes de dix parachèvent en terrasse ce bâtiment dédié à la chimie.

EDIFICIO LAVOISIER / UFR DI CHIMICA

Sorto a fianco della Scuola di Architettura Paris-Val-de-Seine e concepito da X-TU per l'UFR di Chimica, l'edificio Lavoisier è un prisma la cui base in parte cava lascia intuire la relazione con il futuro quartiere che in questo modo prolungherà la sistemazione del settore. Una grande scala e una foresta di pilastri disposti a caso caratterizzano questo spazio incavato che crea una pendenza naturale e che costituisce l'entrata della UFR. L'edificio stesso descrive un volume a U che determina un ampio cortile alberato attraversato da due cilindri in acciaio inox brillante che fungono da passerelle tra le ali dell'edificio, imprimendo così una forte dinamica all'insieme. Le facciate sono volutamente lisce, con vetri e pannelli in acciaio inox all'esterno, in cemento finto legno scuro e vetro serigrafato bianco all'interno e incrementano così l'astrazione generale. All'interno, l'organizzazione è facilmente leggibile — i laboratori dislocati in alto, gli uffici al centro e le aule per i laboratori assistiti e quelle per le esercitazioni in basso—, gli spazi di circolazione sono trattati con vetro color verde mela che li distingue nettamente e conferisce loro un aspetto particolare. Allo stesso modo l'atrio, che si articola su tre livelli, trae i suoi colori dal repertorio vegetale. Collega i piani principali destinati ai laboratori assistiti e alle esercitazioni, e costituisce lo spazio effettivo degli studenti. Nel suo mezzo guscio, come una forma plastica cava, si allunga sul giardino e sui camminamenti esterni che potranno servire come luogo di relax. Settanta ciminiere innalzate a gruppi di dieci concludono in terrazza questo edificio dedicato alla chimica.

LAVOISIER BUILDING / CHEMISTRY TEACHING AND RESEARCH UNIT

Facing the Paris-Val-de-Seine school of architecture, the Lavoisier building designed by X-TU for the chemistry teaching and research unit (TRU) is a prism whose partially voided base is intended to create a relationship with the future district extending the sector's development. A large staircase and a seemingly random forest of columns characterise this hollowed-out space that creates a natural slope and is also the entrance to the TRU. The building itself is a U-shaped volume giving onto a large planted courtyard crossed by two mirror-finished stainless steel cylinders that act as footbridges between the wings of the building while also providing the overall scheme with a powerful dynamic. The elevations are purposefully smooth, using glass and stainless steel panels on the exterior and dark-coloured coated concrete and screen-printed white glass on the interior to further increase the general sense of abstraction. Inside, the organisation is very clear, with laboratories at the top, offices in the middle and directed studies and laboratory work spaces at the bottom. The circulation areas are painted apple green, a colour that allows them to clearly stand out and provides a highly particular atmosphere. Similarly, the triple height hall makes use of plant colours. It links the main floor levels set aside for directed studies and laboratory work while also being the main student space. With its curved half-shell sculpted form, it extends into the garden and onto the steps where students can chat and relax. 70 stacks laid out in groups of ten on the roof terrace complete this building dedicated to chemistry.

BÂTIMENT LAVOISIER / UFR DE CHIMIE

X-TU

DÉTAIL DE FAÇADE – FAÇADE SUR LA RUE JEAN-ANTOINE-DE-BAÏF / PARTICOLARE DI FACCIATA – FACCIATA SULLA RUE JEAN-ANTOINE-DE-BAÏF /
FAÇADE DETAIL – FAÇADE ON THE RUE JEAN-ANTOINE-DE-BAÏF

BÂTIMENT LAVOISIER / UFR DE CHIMIE

X-TU

ENTRÉE ET GRAND ESCALIER / INGRESSO E SCALA GRANDE / ENTRANCE AND GRAND STAIRCASE

BÂTIMENT LAVOISIER / UFR DE CHIMIE

X-TU

PASSERELLES EN INOX / PASSERELLE IN ACCIAIO INOX / INOX FOOTBRIDGES

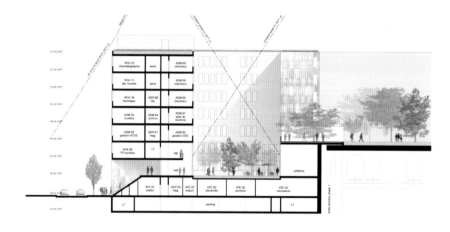

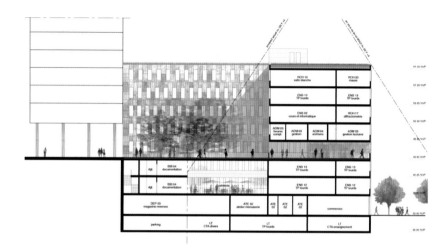

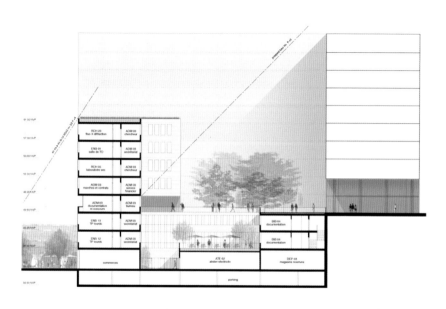

FRANCIS SOLER ARCHITECTURE

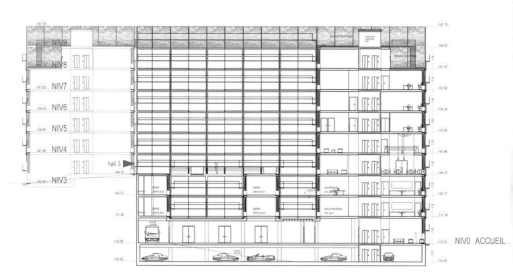

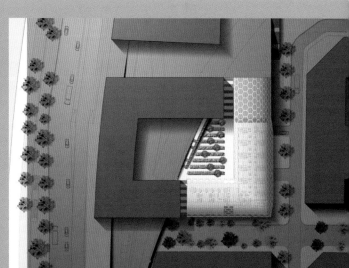

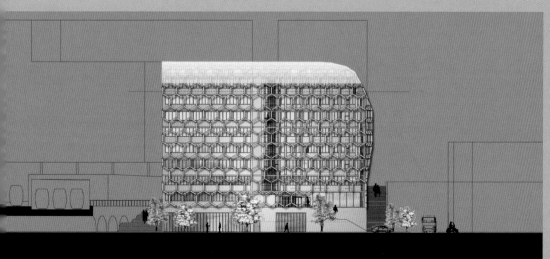

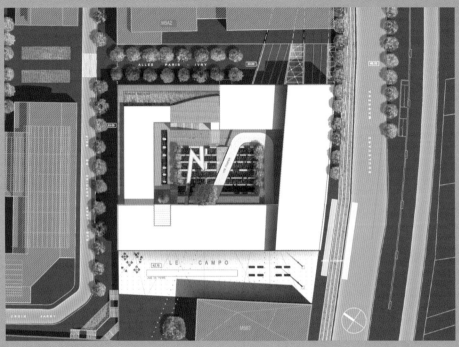

ÉCOLE D'ARCHITECTURE PARIS VAL-DE-SEINE

PÔLE DES LANGUES ET CIVILISATIONS

INALCO ET BULAC

ÉCOLE D'ARCHITECTURE PARIS VAL-DE-SEINE

2007

FRÉDÉRIC BOREL ARCHITECTE

ÉCOLE D'ARCHITECTURE PARIS-VAL-DE-SEINE

L'École d'architecture Paris-Val-de-Seine se dresse contre le talus du boulevard Masséna, au pied du pont National, telle un octroi à la porte de Paris. Les connaisseurs y reconnaîtront la halle industrielle de l'ancienne SUDAC, usine d'air comprimé de la capitale, érigée en 1890 par l'architecte Le Bus et l'ingénieur Leclaire, et sa haute cheminée en brique intégrée à la composition. Les autres se focaliseront sur la construction neuve attenante, haussée sur une plate-forme aux jambages triangulés par Frédéric Borel Architecte. Cette coupure nette entre le bâtiment neuf et les locaux réhabilités de la Sudac permet d'organiser le programme. Le premier contient les ateliers, alimentés par un socle qui reprend le thème de la plate-forme *off-shore* pour abriter l'administration, les amphithéâtres et les salles de cours. Le second, comme un satellite, renferme les salles informatiques et sous sa voûte, la grande bibliothèque.

L'école est véritablement mise en scène, avec des corps de bâtiment qui dialoguent et s'agrègent comme des personnages autour de la cheminée, pivot de la composition. La juxtaposition du neuf et de l'ancien en est le pari, seul susceptible d'assurer la préservation des éléments patrimoniaux et la réalisation des 15 000 m² demandés pour un effectif théorique de 1 500 élèves. Sculpté dans la masse, l'ouvrage neuf tire son argumentaire du site et du programme. Il multiplie les effets et justifie son propos monumental par la commande. Réfutant le modèle du Bauhaus qui préconisait un espace neutre pour la pratique pédagogique, l'option est prise pour une multiplicité d'espaces fortement caractérisés, certains compressés et intimes, d'autres dilatés et lumineux, afin de satisfaire tous les cas de figure requis par la pédagogie.

SCUOLA DI ARCHITETTURA PARIS-VAL-DE-SEINE

La Scuola di Architettura Paris-Val-de-Seine si erge contro la pendenza del boulevard Masséna, ai piedi del pont National, come un confine alle porte di Parigi. Gli esperti vi riconosceranno il capannone industriale della vecchia SUDAC, l'industria per la distribuzione di aria compressa, eretto nel 1890 dall'architetto Le Bus e dall'ingegnere Leclaire, nonché la sua alta ciminiera in mattoni integrata nella composizione. Altri focalizzeranno la propria attenzione sulla nuova costruzione attigua, innalzata su una piattaforma con i pilastri triangolati da Frédéric Borel Architecte. Questo taglio netto tra l'edificio nuovo e i locali riadattati della SUDAC permette di organizzare il programma. Nel primo si trovano i laboratori, sistemati su un basamento che richiama il tema della piattaforma off shore per ospitare l'amministrazione, le aule magne e le aule per le lezioni. L'altro, come un satellite, comprende le aule di informatica e, sotto la volta, la grande biblioteca.

La scuola sembra davvero messa in scena, con i corpi degli edifici che dialogano e si aggregano come personaggi attorno alla ciminiera, perno della composizione. Giustapporre il nuovo e il vecchio è la scommessa che assicurerà la conservazione degli elementi patrimoniali e la realizzazione dei 15.000 m² richiesti per un effettivo teorico di 1 500 studenti. Scolpita nella massa e frammentata, quest'opera trae le proprie ragioni dal sito e dal programma; moltiplica gli effetti e trova giustificazione del proprio intento monumentale nella committenza. Rifiutando il modello di Bauhaus che preconizzava uno spazio neutro per la pratica pedagogica, l'opzione riguarda una molteplicità di spazi fortemente caratterizzati, alcuni compressi e intimi, altri dilatati e luminosi, con l'obiettivo di soddisfare l'intera casistica di profili richiesti dalla pedagogia.

PARIS-VAL-DE-SEINE SCHOOL OF ARCHITECTURE

The Paris-Val-de-Seine school of architecture is set against the slope of Boulevard Masséna next to the Pont National bridge like a boundary stone marking the gateway to Paris. Those aware of the city's history will recognise the old Sudac industrial shed, the capital's compressed air plant constructed in 1890 by the architect Le Bus and the engineer Leclaire, with its tall brick stack integrated into the composition. Others will focus on the new adjoining construction rising up over a platform with triangulated legs designed by Frédéric Borel Architecte. This clear break between the new building and the rehabilitated Sudac structure provided the basis for organising the programme. The former contains the workshops, supplied by a base reminiscent of an offshore rig, as well as premises for administrative functions, auditoriums and lecture rooms. The other, acting as a satellite, incorporates computer rooms and has a large library laid out under the roof vault.

The school presents itself as a stage set, with the main buildings dialoguing with one another like actors grouped around the chimney stack which provides the pivotal point of the composition. The challenge was to juxtapose the new and the old in a way that would preserve the heritage elements while, at the same time, provide the 15,000 m² required for a theoretical community of 1,500 students. Sculpted out from a block and broken down into connecting elements, the new building draws its rationale from the site and the programme. It provides a multiplicity of effects and justifies its monumental form by the needs expressed by the client. Rebutting the Bauhaus model which advocates a neutral space for teaching practises, the option taken was to provide a large number of highly characterised individual spaces, certain compact and private and others open and brightly lit, to meet all the needs of the building's educational function.

ÉCOLE D'ARCHITECTURE PARIS-VAL-DE-SEINE

FRÉDÉRIC BOREL ARCHITECTE

FAÇADE SUR LA SEINE / FACCIATA SULLA SENNA / FAÇADE ON THE SEINE

ÉCOLE D'ARCHITECTURE PARIS-VAL-DE-SEINE
FRÉDÉRIC BOREL ARCHITECTE
HALL D'ENTRÉE / ATRIO D'INGRESSO / ENTRANCE HALL

ÉCOLE D'ARCHITECTURE PARIS-VAL-DE-SEINE

FRÉDÉRIC BOREL ARCHITECTE

ESPACES INTÉRIEURS / SPAZI INTERNI / INTERIORS

138

ÉCOLE D'ARCHITECTURE PARIS-VAL-DE-SEINE

FRÉDÉRIC BOREL ARCHITECTE

L'ANCIENNE USINE ET LE NOUVEAU BÂTIMENT / L'EX FABBRICA E IL NUOVO EDIFICIO / THE OLD PLANT AND THE NEW BUILDING

En 2003, la SEMAPA, maître d'ouvrage délégué de la région Île-de-France, lance le concours pour la construction du Pôle des langues et civilisations. / Nel 2003, la SEMAPA, committente delegato per la Regione Île-de-France, avvia il concorso per la costruzione del Polo di lingue e civiltà. / In 2003, the SEMAPA, client delegate for the Région Île-de-France, launched a competition for the Languages and Civilisations Centre.

CONCURRENTS / CONCORRENTI / COMPETITORS
ATELIERS LION ARCHITECTES URBANISTES
ATELIER MICHEL RÉMON ARCHITECTE
DU BESSET-LYON ARCHITECTES
HENRI GAUDIN
SABATIER ET SITOLEUX

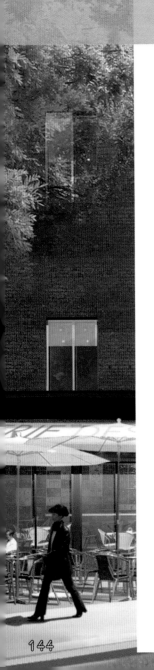

PÔLE
DES LANGUES
ET CIVILISATIONS
INALCO ET BULAC

2010

ATELIERS LION
ARCHITECTES URBANISTES
LAURÉAT / VINCITORE / WINNER

PÔLE DES LANGUES ET CIVILISATIONS / INALCO ET LA BULAC

Hier séparés, l'Institut national des langues et des civilisations orientales (INALCO) et la Bibliothèque universitaire des langues et civilisations (BULAC), dessinés par les Ateliers Lion architectes urbanistes, se retrouvent sur un même site : une parcelle *grosso modo* triangulaire située en bout de ZAC, délimitée au nord par la nouvelle rue du Chevaleret sur 170 mètres, à l'ouest par la nouvelle rue des Grands Moulins sur 135 mètres et à l'est par la rue Cantagrel sur 30 mètres. Sa particularité en cœur d'îlot est d'être contiguë à l'Armée du Salut, monument historique de Le Corbusier. Le chantier a démarré au début de l'été 2008 et devrait durer 28 mois. Donnant sur la rue des Grands Moulins, le hall sera perçu par l'ensemble des usagers. Il se développera sur une triple hauteur et organisera les fonctions communes de la BULAC et de l'INALCO, essentiellement une cafétéria et un amphithéâtre de 200 places. Depuis l'entrée, le bâtiment se décompose en deux parties. Au nord, il prend la forme d'une construction de quatre étages d'une largeur de 14 mètres qui se prolonge en porte-à-faux d'environ 7 mètres sur la rue du Chevaleret. Au sud, il cherche à libérer un maximum de surface en pleine terre pour créer des jardins généreux et plantés d'arbres de hautes tiges. Sur le linéaire de la rue des Grands Moulins, la façade du pôle des langues est ainsi scandée de quatre *patios*, trois en décaissé au niveau du rez-de-jardin et le dernier en terrasse. En cœur, un jardin traversant entre la rue du Chevaleret et la rue Cantagrel permet également de gérer la relation avec le bâtiment mitoyen de l'Armée du Salut sur lequel viennent se greffer des terrasses métalliques légères. Toute l'expression tient à la brique qui vient habiller les bâtiments d'un manteau grenat unitaire qui sied au quartier.

POLO DI LINGUE E CIVILTÀ / INALCO E LA BULAC

Un tempo separati, l'Istituto Nazionale di Lingue e Civiltà Orientali (INALCO) e la Biblioteca Universitaria di Lingue e Civiltà (BULAC), progettati dagli Ateliers Lion architectes urbanistes, oggi si ritrovano nello stesso sito: un'area più o meno triangolare posta al margine della ZAC (Zona di pianificazione concertata), delimitata a nord dalla rue du Chevaleret per 170 m, a ovest dalla nuova rue des Grands Moulins per 135 m e a est dalla rue Cantagrel per 30 m. La sua particolarità nel cuore dell'isolato è la contiguità con il cosiddetto Armée du Salut, monumento storico di Le Corbusier. L'avvio del cantiere risale all'inizio dell'estate 2008, i lavori dovrebbero avere una durata di 28 mesi. Grazie alla sua posizione prospiciente la rue des Grands Moulins, l'atrio sarà facilmente individuabile dall'utenza. Progettato per svilupparsi su tripla altezza e per organizzare le strutture comuni della BULAC e dell'INALCO (essenzialmente una caffetteria e un'aula magna da 200 posti), superata l'entrata, l'edificio si scompone in due parti: a nord assume la forma di una costruzione di quattro piani larga 14 m aggettante per circa 7 m sulla rue du Chevaleret; a sud libera quante più superfici possibili di terreno destinato a giardini prosperosi e ad alberi d'alto fusto. In questo modo, lungo la rue des Grands Moulins, la facciata del Polo linguistico viene scandita da quattro patio, tre *en décaissé* a pianterreno e uno a terrazza. Al centro, un giardino compreso tra la rue du Chevaleret e la rue Cantagrel consente ugualmente di gestire la presenza divisoria dell'Armée du Salut sul quale vanno ad aggiungersi delle leggere strutture metalliche a terrazza. Si tratta, dunque, di una capacità espressiva legata interamente ai mattoni che rivestono gli edifici, come un fitto manto granata che avvolge il quartiere.

LANGUAGES AND CIVILISATIONS CENTRE / INALCO AND BULAC

Separated in the past, the Institut National des Langues et des Civilisations Orientales (INALCO) and the Bibliothèque Universitaire des Langues et Civilisations (BULAC) designed by Ateliers Lion architectes urbanistes now share the same site: a more or less triangular area located at one end of the urban redevelopment area (ZAC), enclosed to the north by the Rue du Chevaleret over a distance of 170 metres, to the west by new Rue des Grands Moulins over 135 metres and to the east by Rue Cantagrel over 30 metres. Its particularity in the heart of the plot is to abut the Salvation Army building, a historical monument designed by Le Corbusier. Works began in summer 2008 and will be completed within 28 months. Giving onto Rue des Grands Moulins, the hall will be visible to all the building's users. Its triple height will organise the functions shared by BULAC and INALCO, essentially a cafeteria and an auditorium seating 200. From the entrance, the building separates into two parts. To the north, it takes the form of a 14 metre wide four-storey construction which cantilevers out around seven metres over Rue du Chevaleret. To the south, a large space has been created for the incorporation of generous gardens planted with high branching trees. Along the length of Rue des Grands Moulins, the elevation of the languages centre is punctuated by four patios, three of them sunken on garden level and one on the terrace. Lying in the heart of the building, a garden linking Rue du Chevaleret and Rue Cantagrel creates a relationship with the adjoining Salvation Army building onto which lightweight metal terraces have been attached. The overall expressiveness is based on the brick finish cladding the buildings, providing a unifying garnet-coloured coating that blends into the surrounding neighbourhood.

PÔLE DES LANGUES ET CIVILISATIONS / INALCO ET BULAC

ATELIERS LION ARCHITECTES URBANISTES

ANGLE RUE DES GRANDS MOULINS ET RUE CANTAGREL / ANGOLO RUE DES GRANDS MOULINS E RUE CANTAGREL / CORNER RUE DES GRANDS MOULINS AND RUE CANTAGREL

ATELIERS LION ARCHITECTES URBANISTES

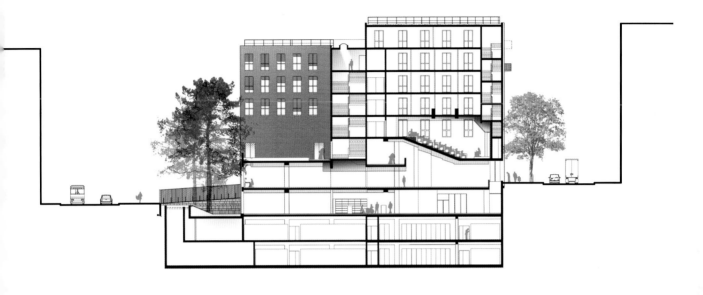

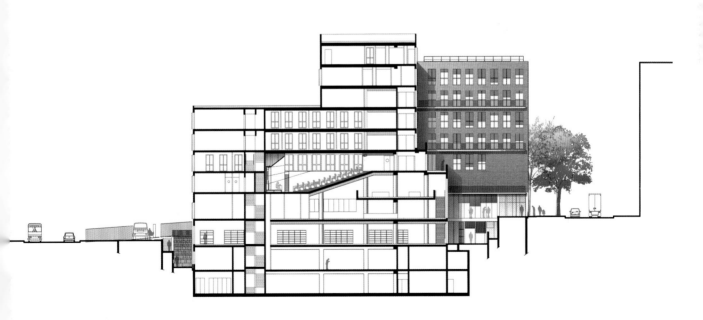

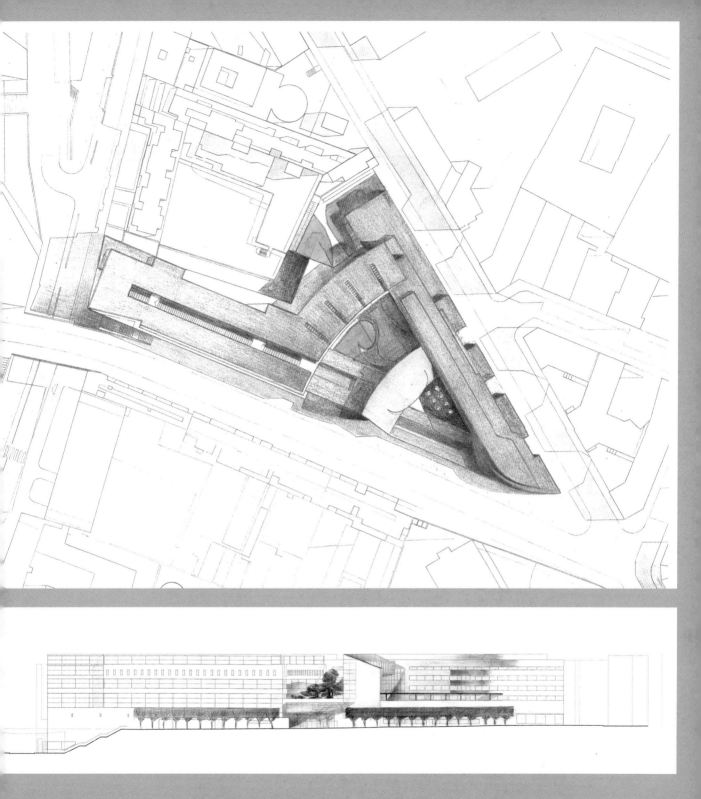

161

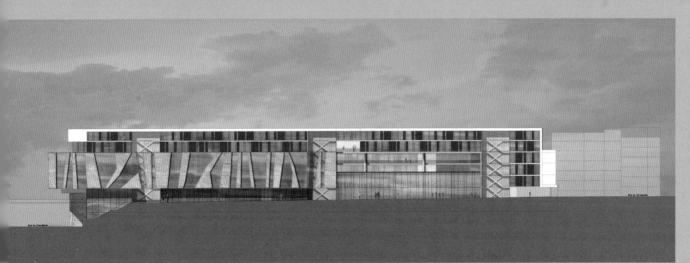

APPENDICE
ANNEXES
APPENDIX

GRANDS MOULINS
BIBLIOTHÈQUE / ADMINISTRATION

MAÎTRISE D'ŒUVRE
Architecte : Rudy Ricciotti
Bureau d'études : BETM
Scénographie : Studio Totem

MAÎTRISE D'OUVRAGE
Ministère de l'Éducation nationale,
rectorat de l'académie de Paris

**MANDATAIRE
DE LA MAÎTRISE D'OUVRAGE**
ÉMOC, Établissement public
de maîtrise d'ouvrage des travaux
culturels

SITUATION
59 quai Panhard-et-Levassor
16 rue Marguerite-Duras
6-10 esplanade Pierre-Vidal-Naquet

PROGRAMME
Bibliothèque centrale,
UFR lettres, arts et cinéma,
UFR langues et civilisations d'Asie,
services administratifs
dont la présidence, espace
de restauration

UTILISATEURS
Université Paris 7-Denis Diderot

COÛT
56,8 M €TDC

SURFACE
29 900 m² SHON

LIVRAISON
Octobre 2006

HALLE AUX FARINES
PÔLE D'ENSEIGNEMENT UNIVERSITAIRE

MAÎTRISE D'ŒUVRE
Architecte : Agence Nicolas
Michelin et Associés – ANMA
Bureau d'études : Jacobs France
Économiste : Michel Forgue

MAÎTRISE D'OUVRAGE
Ministère de l'Éducation nationale,
rectorat de l'académie de Paris

**MANDATAIRE
DE LA MAÎTRISE D'OUVRAGE**
ÉMOC, Établissement public
de maîtrise d'ouvrage des travaux
culturels

SITUATION
10-16 rue Françoise-Dolto
9-15 esplanade Pierre-Vidal-Naquet

PROGRAMME
Locaux d'enseignement centralisés
(salle de TD et amphithéâtres),
restaurant universitaire

UTILISATEURS
Université Paris 7-Denis Diderot

COÛT
41 M €TDC

SURFACE
18 000 m² SHON

LIVRAISON
Décembre 2006

BÂTIMENT BUFFON
UFR DES SCIENCES DE LA VIE
ET INSTITUT JACQUES-MONOD

MAÎTRISE D'ŒUVRE
Architecte : FCLP -
François Chochon Laurent Pierre
Bureau d'études : OTH Bâtiments
Économiste : ATEC

MAÎTRISE D'OUVRAGE
Ministère de l'Éducation nationale,
rectorat de l'académie de Paris

**MANDATAIRE
DE LA MAÎTRISE D'OUVRAGE**
ÉMOC, Établissement public
de maîtrise d'ouvrage des travaux
culturels

SITUATION
4 rue Marie-Andrée-Lagroua-
Weill-Hallé
17 rue Hélène-Brion

PROGRAMME
UFR des sciences de la vie
(locaux d'administration,
d'enseignement, laboratoires),
Institut Jacques-Monod
(locaux d'administration,
laboratoires, bibliothèque,
salle de conférences),
restaurant universitaire,
animalerie commune,
locaux commerciaux

UTILISATEURS
Université Paris 7-Denis Diderot

COÛT
59,3 M €TDC

SURFACE
19 982 m² SHON
(+ 225 m² locaux commerciaux)

LIVRAISON
Octobre 2007

TDC : *toutes dépenses confondues, c'est-à-dire études, travaux et TVA.*

BÂTIMENT CONDORCET
UFR DE PHYSIQUE

MAÎTRISE D'ŒUVRE
Architecte : Atelier d'architecture
Chaix & Morel et associés
Responsable du projet :
Itamar Krauss
Bureau d'études : Ingérop
Concepteur 1% artistique :
Keiichi Tahara

MAÎTRISE D'OUVRAGE
Ministère de l'Éducation nationale,
rectorat de l'académie de Paris

MANDATAIRE
DE LA MAÎTRISE D'OUVRAGE
ÉMOC, Établissement public
de maîtrise d'ouvrage des travaux
culturels

ASSISTANT
DE LA MAÎTRISE D'OUVRAGE
Bureau de contrôle : Batiplus
Coordonnateur SPS : SEGES Conseil
Ordonnancement pilotage
et coordination : Francis Klein

SITUATION
4 rue Elsa-Morante

PROGRAMME
Salles de travaux pratiques,
laboratoires, bureaux de
chercheurs et salles de réunions,
locaux spécifiques pour l'UFR des
sciences exactes (physique, chimie,
mathématiques et informatique)

UTILISATEURS
Université Paris 7 - Denis Diderot

COÛT
40,2 M €TDC

SURFACE
19 912 m² SHON
(+ 308 m² de locaux commerciaux)

LIVRAISON
Février 2007

BÂTIMENT LAMARCK
UFR DE BIOLOGIE

MAÎTRISE D'ŒUVRE
Architectes : Jean Guervilly
(mandataire) et Françoise
Mauffret, architecte associée
Bureau d'études fluides : HAC
Bureau d'études structures : BSO
Économiste : ECB
Bureau d'études acoustique et
vibrations : Peutz et associés

MAÎTRISE D'OUVRAGE
Ville de Paris,
direction des affaires sociales

MAÎTRISE D'OUVRAGE DÉLÉGUÉE
SEMAPA

SITUATION
3 rue Marie-Andrée-Lagroua-
Weill-Hallé

PROGRAMME
Pôle d'enseignement
et de recherche en sciences
de la terre, sciences de la vie
et pôle environnement

UTILISATEURS
Université Paris 7 - Denis Diderot

COÛT
31,1 M €TDC

SURFACE
11 520 m² SHON

LIVRAISON
Mars 2008

BÂTIMENT LAVOISIER
UFR DE CHIMIE

MAÎTRISE D'ŒUVRE
Architecte : X-TU
Bureau d'études : Losis
Bureau d'études acoustique
et vibrations : Peutz et associés

MAÎTRISE D'OUVRAGE
Ville de Paris,
direction des affaires sociales

MAÎTRISE D'OUVRAGE DÉLÉGUÉE
SEMAPA

SITUATION
15 rue Jean-Antoine-de-Baïf

PROGRAMME
Bureaux, laboratoires,
salles de cours, commerce,
local associatif

UTILISATEURS
Université Paris 7 - Denis Diderot

COÛT
31,1 M €TDC

SURFACE
10 200 m² SHON

LIVRAISON
Mars 2008

ÉCOLE D'ARCHITECTURE PARIS-VAL-DE-SEINE

MAÎTRISE D'ŒUVRE
Architecte : Frédéric Borel Architecte
Chef de projet : Marc Younan
Bureau d'études : SFICA
Économiste : Mazet & Associés

MAÎTRISE D'OUVRAGE
Ministère de la Culture
et de la Communication

**MANDATAIRE
DE LA MAÎTRISE D'OUVRAGE**
ÉMOC, Établissement public
de maîtrise d'ouvrage des travaux
culturels

SITUATION
3 quai Panhard-et-Levassor

PROGRAMME
Restructuration d'une partie
de l'ancienne usine SUDAC
en espaces d'enseignement,
recherche, expositions,
auditoriums, cafétéria pour
l'École d'architecture

UTILISATEURS
École d'architecture
Paris-Val-de-Seine

COÛT
46 M €TDC

SURFACE
15 000 m² SHON

LIVRAISON
2007

PÔLE DES LANGUES ET CIVILISATIONS INALCO
INSTITUT NATIONAL DES LANGUES
ET DES CIVILISATIONS ORIENTALES
BULAC
BIBLIOTHÈQUE UNIVERSITAIRE
DES LANGUES ET CIVILISATIONS

MAÎTRISE D'ŒUVRE
Architecte : Ateliers Lion
architectes urbanistes
Bureau d'études : INGEROP
Bureau d'études acoustique :
Impedance

MAÎTRISE D'OUVRAGE
Région Île-de-France

MAÎTRISE D'OUVRAGE DÉLÉGUÉE
SEMAPA

SITUATION
51-59 rue des Grands Moulins
18-38 rue Cantagrel
47-53 rue du Chevaleret

PROGRAMME
Laboratoires de langues,
salles de lecture, bureaux,
magasins, amphithéâtres

UTILISATEURS
INALCO et BULAC

COÛT
70,8 M €TDC

SURFACE
33 000 m² SHON

LIVRAISON
2010

GRANDS MOULINS
BIBLIOTECA E AMMINISTRAZIONE

PROGETTO E DIREZIONE LAVORI
Architetto: Rudy Ricciotti
Studio di consulenza tecnica: BETM
Scenografia: Studio Totem

COMMITTENTE
Ministero dell'Educazione
nazionale, Rettorato
dell'Accademia di Parigi

MANDATARIO DEL COMMITTENTE
ÉMOC, Commissione per la
committenza pubblica delle
opere culturali

SEDI
59 quai Panhard-et-Levassor
16 rue Marguerite-Duras
6-10 esplanade Pierre-Vidal-Naquet

PROGRAMMA
Biblioteca centrale,
UFR di Lettere, Arte e Cinema,
UFR di Lingue e Civiltà asiatiche,
servizi amministrativi tra cui
la Presidenza, spazio di restauro

UTENTI
Università Paris 7 - Denis Diderot

COSTO
56,8 M € TDC

SUPERFICIE
29.900 m² superficie netta

CONSEGNA
Octobre 2006

HALLE AUX FARINES
POLO DI INSEGNAMENTO

PROGETTO E DIREZIONE LAVORI
Architetto: Agence Nicolas
Michelin et Associés – ANMA
Studio di consulenza tecnica:
Jacobs France
Economista: Michel Forgue

COMMITTENTE
Ministero dell'Educazione
nazionale, Rettorato
dell'Accademia di Parigi

MANDATARIO DEL COMMITTENTE
ÉMOC, Commissione per la
committenza pubblica delle
opere culturali

SEDI
10-16 rue Françoise-Dolto
9-15 esplanade Pierre-Vidal-Naquet

PROGRAMMA
Locali didattici centralizzati
(aule informatiche e ad anfiteatro),
mensa universitaria

UTENTI
Università Paris 7 - Denis Diderot

COSTO
41 M € TDC

SUPERFICIE
18 000 m² superficie netta

CONSEGNA
Dicembre 2006

EDIFICIO BUFFON
UFR DI SCIENZE DELLA VITA
E INSTITUTO JACQUES-MONOD

PROGETTO E DIREZIONE LAVORI
Architetto: FCLP -
François Chochon
Laurent Pierre
Studio di consulenza tecnica:
OTH Bâtiments
Economista: ATEC

COMMITTENTE
Ministero dell'Educazione
nazionale, Rettorato
dell'Accademia di Parigi

MANDATARIO DEL COMMITTENTE
ÉMOC, Commissione per la
committenza pubblica delle
opere culturali

SEDI
4 rue Marie-Andrée-Lagroua-
Weill-Hallé
17 rue Hélène-Brion

PROGRAMMA
UFR di scienze della vita
(uffici amministrativi,
aule didattiche, laboratori),
Istituto Jacques-Monod
(uffici amministrativi, laboratori,
biblioteca, aula conferenze),
mensa universitaria,
stabulario comune,
locali per attività commerciali

UTENTI
Università Paris 7 - Denis Diderot

COSTO
59,3 M € TDC

SUPERFICIE
19.980 m² (+ 225 m² locali per
attività commerciali)

CONSEGNA
Ottobre 2007

TDC: *tutte spese comprese, ovvero studi, lavori e IVA.*

EDIFICIO CONDORCET
UFR DI FISICA

PROGETTO E DIREZIONE LAVORI
Architetto:
Atelier d'architecture
Chaix & Morel et associés
Responsabile del progetto:
Itamar Krauss
Studio di consulenza tecnica:
Ingérop
Artista: Keiichi Tahara

COMMITTENTE
Ministero dell'Educazione
nazionale, Rettorato
dell'Accademia di Parigi

MANDATARIO DEL COMMITTENTE
ÉMOC, Commissione per la
committenza pubblica delle
opere culturali

SEDE
4 rue Elsa-Morante

PROGRAMMA
Aule per le prove pratiche,
laboratori, uffici dei ricercatori
e sale riunioni, locali specifici per
le attività dell'UFR delle Scienze
esatte (fisica, chimica, matematica
e informatica)

UTENTI
Università Paris 7-Denis Diderot

COSTO
40,2 M €TDC

SUPERFICIE
19.912 m² superficie netta
(+ 308 m² di locali commerciali)

CONSEGNA
Febbraio 2007

EDIFICIO LAMARCK
UFR DI BIOLOGIA

PROGETTO E DIREZIONE LAVORI
Architetti: Jean Guervilly
(delegato) e Françoise Mauffret
Studio di consulenza tecnica
(fluidi): HAC
Studio di consulenza strutturale:
BSO
Economista: ECB
Studio di consulenza tecnica
(acustica e vibrazioni):
Peutz et associés

COMMITTENTE
Comune di Parigi – Assessorato
all'Istruzione, Direzione degli
Affari scolastici

COMMITTENTE DELEGATO
SEMAPA

SEDE
3 rue Marie-Andrée-Lagroua-
Weill-Hallé

PROGRAMMA
Polo di insegnamento e di ricerca
di scienze della Terra, Scienze
della Vita e Polo Ambiente

UTENTI
Università Paris 7-Denis Diderot

COSTO
31,1 M €TDC

SUPERFICIE
11.520 m² superficie netta

CONSEGNA
Marzo 2008

EDIFICIO LAVOISIER
UFR DI CHIMICA

PROGETTO E DIREZIONE LAVORI
Architetto: X-TU
Studio di consulenza tecnica: Losis
Studio di consulenza tecnica
(acustica e vibrazioni):
Peutz et associés

COMMITTENTE
Comune di Parigi – Assessorato
all'Istruzione, Direzione degli
Affari scolastici

COMMITTENTE DELEGATO
SEMAPA

SEDE
15 rue Jean-Antoine-de-Baïf

PROGRAMMA
Uffici, laboratori, aule didattiche,
attività commerciali,
centri di aggregazione

UTENTI
Università Paris 7-Denis Diderot

COSTO
31,1 M €TDC

SUPERFICIE
10.200 m² superficie netta

CONSEGNA
Marzo 2008

SCUOLA DI ARCHITETTURA PARIS-VAL-DE-SEINE

PROGETTO E DIREZIONE LAVORI
Architetto: Frédéric Borel Architecte
responsabile del progetto:
Marc Younan
Studio di consulenza tecnica:
SFICA
Economista: Mazet & Associés

COMMITTENTE
Ministero della Cultura e della
Comunicazione

MANDATARIO DEL COMMITTENTE
ÉMOC, Commissione pubblica
di controllo delle opere culturali

SEDE
3 quai Panhard-et-Levassor

PROGRAMMA
Conversione di una parte delle
vecchie officine SUDAC in spazi
per la didattica, la ricerca, mostre,
auditorium, caffetteria per la
scuola di architettura

UTENTI
Scuola di Architettura
Paris-Val-de-Seine

COSTO
46 M €TDC

SUPERFICIE
15.000 m² superficie netta

CONSEGNA
2007

POLO DI LINGUE E CIVILTÀ INALCO
ISTITUTO NAZIONALE
DELLE LINGUE E CIVILTÀ ORIENTALI
BULAC
BIBLIOTECA UNIVERSITARIA
DI LINGUE E CIVILTÀ

PROGETTO E DIREZIONE LAVORI
Architetto: Ateliers Lion
architectes urbanistes
Studio di consulenza tecnica:
INGEROP
Studio di consulenza acustica:
Impedance

COMMITTENTE
Regione Île-de-France

COMMITTENTE DELEGATO
SEMAPA

SEDI
51-59 rue des Grands Moulins,
18-38 rue Cantagrel
47-53 rue du Chevaleret

PROGRAMMA
Aule di lettura, laboratorio di
lingua, uffici, magazzini, anfiteatri

UTENTI
INALCO e BULAC

COSTO
70,8 M €TDC

SUPERFICIE
33.000 m² superficie netta

CONSEGNA
2010

GRANDS MOULINS
LIBRARY AND ADMINISTRATION

PROJECT MANAGEMENT
Architect: Rudy Ricciotti
Engineers: BETM
Scenography: Studio Totem

CLIENT
Ministère de l'Éducation nationale,
Rectorat de l'Académie de Paris

CLIENT REPRESENTATIVE
ÉMOC, Établissement public
de Maîtrise d'Ouvrage des travaux
Culturels

LOCATION
59 Quai Panhard-et-Levassor
16 Rue Marguerite-Duras
6-10 Esplanade Pierre-Vidal-Naquet

PROGRAMME
Central library, Humanities,
Arts and Film teaching and
research units, Asian Languages
and Civilisations teaching and
research unit, administrative
departments, including the
Chancellor's offices, and dining
facilities

USERS
Université Paris 7-Denis Diderot

COST
€56,8 M TDC

SURFACE
29,900 m² net plan area

HANDOVER
October 2006

HALLE AUX FARINES
ACADEMY TEACHING CENTRE

PROJECT MANAGEMENT
Architect: Agence Nicolas Michelin
& Associés – ANMA
Engineers: Jacobs France
Surveyor: Michel Forgue

CLIENT
Ministère de l'Éducation
Nationale, Rectorat de l'Académie
de Paris

CLIENT REPRESENTATIVE
ÉMOC, Établissement public
de Maîtrise d'Ouvrage des travaux
Culturels

LOCATION
10-16 Rue Françoise-Dolto
9-15 Esplanade Pierre-Vidal-Naquet

PROGRAMME
Centralised teaching premises
(directed studies rooms and lecture
halls), university restaurant

USERS
Université Paris 7-Denis Diderot

COST
€41 M TDC

SURFACE
18 000 m² net plan area

HANDOVER
December 2006

BUFFON BUILDING
LIFE SCIENCES TEACHING
AND RESEARCH UNIT
AND INSTITUT JACQUES-MONOD

PROJECT MANAGEMENT
Architects: FCLP
François Chochon Laurent Pierre
Engineers: OTH Bâtiments.
Surveyor: ATEC.

CLIENT
Ministère de l'Éducation
Nationale, Rectorat de l'Académie
de Paris

CLIENT REPRESENTATIVE
ÉMOC, Établissement public
de Maîtrise d'Ouvrage des travaux
Culturels

LOCATION
4 Rue Marie-Andrée-Lagroua-
Weill-Hallé
17 rue Hélène-Brion

PROGRAMME
Life sciences teaching and
research unit (administrative,
teaching and laboratory premises)
Institut Jacques-Monod
(administrative premises,
laboratories, library,
conference room)
university restaurant,
shared animal quarters,
commercial premises

USERS
Université Paris 7-Denis Diderot

COST
€59,3 M TDC

SURFACE
19,980 m²
(+ 225 m² commercial premises)

HANDOVER
October 2007

TDC: *all expenses included (studies, works and VAT).*

CONDORCET BUILDING
PHYSICS TEACHING AND RESEARCH UNIT

PROJECT MANAGEMENT
Architect: Agence d'architecture
Chaix & Morel et associés
Project manager: Itamar Krauss
Engineers: Ingérop
Artist: Keiichi Tahara

CLIENT
Ministère de l'Éducation
Nationale, Rectorat de l'Académie
de Paris

CLIENT REPRESENTATIVE
ÉMOC, Établissement public
de Maîtrise d'Ouvrage des travaux
Culturels

LOCATION
4 Rue Elsa-Morante

PROGRAMME
Premises for practical works,
laboratories, offices and meeting
rooms for researchers, specific
premises for hard sciences
teaching and research units
(physics, chemistry, mathematics
and computing)

USERS
Université Paris 7 - Denis Diderot

COST
€ 40,2 M TDC

SURFACE
19,912 m² net plan area
(+ 308 m² of commercial premises)

HANDOVER
February 2007

LAMARCK BUILDING
BIOLOGY TEACHING AND RESEARCH UNIT

PROJECT MANAGEMENT
Architects: Jean Guervilly
(lead architect) and
Françoise Mauffret
Consultant utilities engineers: HAC
Consultant structural engineers:
BSO
Surveyor: ECB
Consultant acoustics and vibrations
engineers: Peutz et associés

CLIENT
Ville de Paris,
Direction des Affaires Scolaires

CLIENT DELEGATE
SEMAPA

LOCATION
3 Rue Marie-Andrée-Lagroua-
Weill-Hallé

PROGRAMME
Earth sciences, life sciences
teaching and research centre,
environmental centre

USERS
Université Paris 7 - Denis Diderot

COST
€ 31,1 M TDC

SURFACE
11,520 m² net plan area

HANDOVER
March 2008

LAVOISIER BUILDING
CHEMISTRY TEACHING AND RESEARCH UNIT

PROJECT MANAGEMENT
Architect: X-TU
Engineers: Losis
Consulting acoustics and vibrations
engineers: Peutz et associés

CLIENT
Ville de Paris,
Direction des Affaires Scolaires

CLIENT DELEGATE
SEMAPA

LOCATION
15 Rue Jean-Antoine-de-Baïf

PROGRAMME
Offices, laboratories, lecture
rooms, shops, social room

USERS
Université Paris 7 - Denis Diderot

COST
€ 31,1 M TDC

SURFACE
10,200 m² net plan area

HANDOVER
March 2008

PARIS-VAL-DE-SEINE SCHOOL OF ARCHITECTURE

PROJECT MANAGEMENT
Architect: Frédéric Borel Architecte
Project manager: Marc Younan
Consulting technical engineers:
SFICA
Surveyor: Mazet & Associés

CLIENT
Ministère de la Culture
et de la Communication

CLIENT REPRESENTATIVE
ÉMOC, Établissement public
de Maîtrise d'Ouvrage des travaux
Culturels

LOCATION
3 Quai Panhard-et-Levassor

PROGRAMME
Reconstruction of part of the
former SUDAC factory to create
teaching, research and exhibition
spaces as well as a cafeteria
for the school of architecture

USERS
Paris-Val-de-Seine school
of architecture

COST
€46 M TDC

SURFACE
15,000 m² net plan area

HANDOVER
2007

LANGUAGES AND CIVILISATIONS CENTRE INALCO
NATIONAL INSTITUTE OF ORIENTAL
LANGUAGES AND CIVILISATIONS
BULAC
LANGUAGES AND CIVILISATIONS
UNIVERSITY LIBRARY

PROJECT MANAGEMENT
Architect: Ateliers Lion
architectes urbanistes
Consulting engineers: INGEROP
Consulting acoustic engineers:
Impedance

CLIENT
Région Île-de-France

CLIENT DELEGATE
SEMAPA

LOCATION
51-59 Rue des Grands Moulins
18-38 Rue Cantagrel
47-53 Rue du Chevaleret

PROGRAMME
Languages laboratories,
amphitheaters, lecture rooms,
offices, stores

USERS
INALCO and BULAC

COST
€70,8 M TDC

SURFACE
33,000 m² net plan area

HANDOVER
2010

Philippe Guignard / Air images
p 2-3, 4-5

E. Nguyen Ngoc / Semapa
p 6 (4°)

Didier Gauducheau / Semapa
p 6 (1°, 2°), 7 (1°, 3°), 8 (1°, 2°),
28, 30-31, 42, 44-45

J.C.Pattacini / Urba images / Semapa
p 6 (3°), 7 (4°)

Stephan Lucas / Semapa
p 6 (5°), 7 (2°, 5°), 32-33, 36, 37,
40-41, 78-79, 130

Eric Sempé / Spik studio / Semapa
p 8 (6°, 7°), 46-47, 89, 108,
110-111, 112 ↑, 118

Philippe Ruault
p 34-35, 38-39

Stéphane Chalmeau / ANMA
p 48-49

Gaston Bergeret / ANMA
p 50, 51, 52-53, 54-55

Nicolas Borel
p 8 (3°), 58, 59, 60-61, 62-63, 64, 68,
69, 128, 131, 132, 133, 134-135,
136, 137, 138, 139, 140, 141

David Joulin / FCLP
p 65, 66, 67

Hervé Abaddie / Atelier d'architecture Chaix & Morel et associés
p 8 (4°), 70, 72-73, 80, 81

Christian Richters / Atelier d'architecture Chaix & Morel et associés
p 74-75, 76-77

Antonin Chaix / Atelier d'architecture Chaix & Morel et associés
p 82, 83

Jean-Marie Monthiers
p 8 (5°), 84, 86-87, 88, 90, 91, 92 ,
93, 94-95, 96-97, 106, 109, 116 ↓,
117 ↓

Renaud Dessade
p 112-113 ↓, 114, 117 ↑

Vincent Fillon
p 115, 116 ↑, 119

2 / 3 / 4
p 98, 99

Flint
p 100, 101

Jacques Ferrier Architectures
p 102, 103

Atelier d'architecure Ripault-Duhart
p 104, 105

Intégral Lipsky + Rollet Architectes
p 124, 125

Francis Soler Architecture
p 122, 123

Corinne Vezonni et Associés
p 120, 121

Thierry Van de Wyngaert architectes associés
p 126, 127

Ateliers Lion architectes urbanistes
p 8 (8°), 142, 144-145, 146-147,
148-149, 150-151, 152-153

Du Besset – Lyon architectes
p 158, 159

Henri Gaudin
p 160, 161

Atelier Michel Rémon architecte
p 156, 157

Sabatier et Sitoleux
p 162, 163

REMERCIEMENTS / RINGRAZIAMENTI / THANKS
UNIVERSITÉS DANS LA VILLE / UNIVERSITÀ IN CITTÀ / UNIVERSITIES IN THE CITY
ANNEXES / APPENDICE / APPENDIX

Jérôme Coumet, maire du 13e arrondissement de Paris, président de la SEMAPA / sindaco del XIII arrondissement di Parigi, presidente della SEMAPA / mayor of the 13th arrondissement of Paris, president of the SEMAPA,

et / e / and **Jean-François Gueullette**, directeur général de la SEMAPA / amministratore delegato della SEMAPA / general director of the SEMAPA / tiennent à remercier / desiderano ringraziare / would like to thank:

l'ensemble des équipes d'architectes / l'insieme degli studi di architettura / all the teams of architects
• Agence Nicolas Michelin et Associés - ANMA
• Ateliers Lion architectes urbanistes
• Atelier d'architecture Chaix & Morel et associés
• Atelier d'architecture Ripault-Duhart
• 2/3/4 - Olivier Arène
• Du Besset-Lyon
• FCLP - François Chochon Laurent Pierre
• Flint
• Francis Soler Architectures
• Frédéric Borel Architecte
• Henri Gaudin
• Intégral Lipsky+Rollet architectes
• Jacques Ferrier Architectures
• Jean Guervilly et Françoise Mauffret
• Atelier Michel Rémon Architecte
• Rudy Ricciotti
• Sabatier et Sitoleux
• Thierry Van de Wyngaert architectes associés
• Corinne Vezzoni et associés
• X-TU

l'université Paris 7 – Denis Diderot / l'Università Paris 7 – Denis Diderot / the Paris 7 – Denis Diderot University et notamment / e in particolare / and in particular **François Montarras**, vice-président chargé de la conception et du suivi opérationnel de Paris Rive Gauche / vicepresidente responsabile della concezione e del controlo operativo di Paris Rive Gauche / vice-president in charge of the design and operational follow-up of Paris Rive Gauche,

le rectorat de l'académie de Paris / il Rettorato dell'Accademia di Parigi / the Rectorat de l'Académie de Paris, et notamment / e in particolare / and especially **Maurice Quenet**, recteur / rettore / recteur, et / e / and **Hélène Gobert**, conseiller technique / consigliere tecnico / technical advisor,

l'ÉMOC, Établissement public de maîtrise d'ouvrage des travaux culturels / Commissione per la committenza pubblica delle opere culturali / Établissement public de Maîtrise d'Ouvrage des travaux culturels, et notamment / e in particolare / and especially **Laurent Maunoury**,

l'École d'architecture Paris-Val-de-Seine / la Scuola di Architettura Paris-Val-de-Seine / the Paris-Val-de-Seine School of Architecture,

le pôle des langues et civilisations / il polo di lingue e civiltà / the languages and civilisations centre (INALCO et / e / and BULAC),

ainsi que / così come / and also **Bertrand Delanoë**, maire de Paris / sindaco di Parigi / mayor of Paris,

ses adjoints et leurs collaborateurs, et notamment l'adjoint à l'urbanisme et l'adjoint aux universités / i suoi assessori e collaboratori, e in particolare l'assessore all'urbanistica e l'assessore all'università / his deputy mayors and colleagues, and in particular the city planner and the University deputy mayor,

la / the Direction des affaires scolaires et plus particulièrement / e particolarmente / and especially / sa directrice / la direttrice / the supervisor **Catherine Moisan**,

le Pavillon de l'Arsenal et notamment / e in particolare / and in particular son directeur général / il suo amministratore delegato / its General manager **Dominique Alba**,

les associations et les conseils de quartier / le associazioni e i consigli di quartiere / the associations and the neighbourhood councils,

Luciana Ravanel, directeur de / direttore di / director of Ante Prima Consultants,

et les collaborateurs de la Semapa ayant en charge ce secteur et en particulier l'équipe de maîtrise d'ouvrage déléguée sous la direction de / e i collaboratori della Semapa in carico della zona e in particolare la squadra di committenza delegata sotto la direzione di / and the Semapa's contributors in charge of the area and in particular the team of client managers represented by **Jean-Jacques Obriot** : **Placida Degain, Alexandre Ienibace, Ruben Benzimra**, avec l'appui de la direction de la programmation et de l'urbanisme / con il sostegno della direzione della programmazione e dell'urbanistica / with the support of the Town Planning Department, **Anne-Elysabeth Campion** et / e / and **Ludovic Vion**.